AUGUST STRINDBERG UND FRIDA UHL

publication $P\,N^{\circ}$ 1
Bibliothek der Provinz

Wenn *nein,* nein!

AUGUST STRINDBERG
UND
FRIDA UHL

BRIEFWECHSEL 1893 - 1902

Ausgewählt,
übersetzt und herausgegeben
von
FRIEDRICH BUCHMAYR

Wenn *nein,* nein!

AUGUST STRINDBERG UND FRIDA UHL
Briefwechsel 1893-1902

Ausgewählt, übersetzt und herausgegeben
von
FRIEDRICH BUCHMAYR

Buchgestaltung
von
GERHARD HAJEK

Verlag
publication P N° 1
© Bibliothek der Provinz
A-3970 WEITRA
02815/35594

1993

ISBN 3 900878 91 9

printed in Austria
by
Ernst Denkmayr GesmbH.
Druck + Verlag
Katsdorf, Linz, Wels

„Sehen Sie, mein lieber Freund,
man stirbt nicht gleich,
wenn ein paar Träume sterben."

*(Frida Uhl
an August Strindberg,
Brief 7)*

INHALT

VORWORT

Dornach, Dezember 1902.

Die Journalistin und Übersetzerin Frida Uhl, 30 Jahre „alt", Mutter zweier Kinder, schreibt August Strindberg, von dem sie seit 5 Jahren geschieden ist: „Es gibt kaum einen Abgrund, der mich nicht verschlungen hätte. Ich habe gelitten .. gelitten ... guter Gott, was habe ich gelitten – was leide ich." Sie weiß, daß er wieder verheiratet ist, und nur deshalb schreibt sie ihm erstmals nach 6 Jahren; so ist er sicher vor falschen Pflichtgefühlen ihr gegenüber. „August, der Tod wäre für mich *süß*, wenn er mein Leben tilgen könnte." [Brief 71]

Frida Uhls Versuche, das nötige Geld für sich und die Kinder selbst zu verdienen, sind fehlgeschlagen. Alimente hat sie von den Vätern der Kinder (August Strindberg und Frank Wedekind) nie angenommen. Nach den gescheiterten Beziehungen zu den Literaten, die sie wegen ihres antibürgerlichen Engagements schätzte, will sie auch keine Konvenienzehe eingehen. Frida Uhl ist wieder an die gehaßte Familie zurückgekettet – insbesondere an die Mutter. Diese lebt seit Jahren getrennt von ihrem einflußreichen Mann (Hofrat und Herausgeber der *Wiener Zeitung*) in Dornach bei Saxen, läßt sich aber aus Diplomatie nicht scheiden. Hinter dem Rücken der Tochter hat sie jahrelang mit Strindberg korrespondiert und ihn über die Schiffbrüche Frida Uhls seit der Scheidung auf dem laufenden gehalten. Die Tochter wird dabei mit Prädikaten wie „Otterngezücht" oder „zu Untergang geboren" bedacht...

Im Dezember 1902 findet Frida Uhl die Antwortbriefe Strindbergs an die Mutter. Sie verteidigt sich gegen die ungerechten Vorwürfe. Er antwortet ihr nicht.

Berlin, Frühling 1893.

August Strindberg lebt seit einem halben Jahr in Berlin, wo seine „naturalistischen" Theaterstücke gut aufgenommen werden. Privat fühlt er sich seit der Scheidung seiner Ehe (1892) in einer Krise, die auch sein Schreiben hemmt.

In dieser wenig befriedigenden Situation faßt der Exilautor Vertrauen zu einer 20-jährigen Journalistin, die er bei einem Empfang kennengelernt hat. Er schildert ihr seine Hilflosigkeit in finanziellen Belangen und klagt, daß ihn das Bohemienleben krank mache.

Frida Uhl organisiert regelmäßige Treffen, gibt ihm Ratschläge und will seine fürsorgliche Freundin sein, aber nicht mehr. Einer Vertrauten schreibt sie: „Ich liebe ihn nicht, aber ich sorge mich um ihn." Wie um sexuelle Gelüste bei ihm von vornherein zu unterbinden, nennt sie sich mit ihren 20 Jahren schon „kalt" und „alt" [7] und betont, daß sie lieber klug als schön sein will [12].

Strindberg ist erleichtert über den Zuspruch, ja er bestärkt Frida Uhl sogar in ihren schriftstellerischen Ambitionen. Doch es wirkt nicht ehrlich, sondern wie eine Gunst auf Abruf, bis zum Erreichen eines Ziels.

Den ersten Heiratsantrag Strindbergs lehnt Frida Uhl noch ab. Sie weist auf den selbstverliebten, illusionären Charakter seiner „Liebe" hin und will nicht sein Liebesobjekt sein [7]. Ist es ein – wenn auch befremdlicher – Ausdruck ihrer Hilfsbereitschaft, daß sie seinem immer drängender werdenden Wunsch nach geheimer Verlobung schließlich doch nachgibt? Die Klosterschulerziehung dringt durch. Als er ihr über den Mund fährt und ein patriarchalisches Machtwort spricht [15], bewundert sie ihn dafür [16]. Es kommt, wie es nicht kommen soll…

Lund, Herbst 1898.

August Strindberg schreibt den „autobiografischen" Roman *Kloster*, in dem er seine Ehe mit Frida Uhl literarisch verarbeitet.

Das erste Rendezvous in einem Berliner Lokal. Sie in einem eng anliegenden, grünen Tuchkleid. Der

Schilderung ist Strindbergs ursprüngliche Erregung noch anzumerken. Er bekennt seine „Ergriffenheit vor dieser Zauberei", aber auch seine „Furcht", daß er ihr verfallen und seine Autorität einbüßen könnte. Die Frau erscheint als das Andere, Fremde, Nicht-Berechenbare, auch Unverständliche. Aber die Furcht siegt über die Ergriffenheit und gebiert ihre Ungeheuer.

Das Anderssein der Frau wird im Geist des „Fin de siècle" herabgesetzt zu einer Minderwertigkeit gegenüber dem Mann. Strindberg stülpt im Roman das Vokabular der Femme fatale über Frida Uhl: „Tierhaut", „dämonische dunkle Pracht, die zum Tod des Mannes, zum Grab des männlichen Willens wird", „Vampir" usw. (Die Briefe 58 bis 60 sind Vorstufen zum Roman.)

Nur in der Dornach-Passage findet Strindberg andere Worte für seine ehemalige Frau; da ist er rückblickend mit ihr zufrieden, weil sie „vollständig in ihrer Mutterschaft, voller Freude und Hoffnung" aufgeht, weil sie „mild und fraulich, sogar bescheiden und dankbar gegen den Mann" ist.

Hamburg, 1936.

Lieb, Leid und Zeit. Eine unvergeßliche Ehe. Von Frida Strindberg. (Die deutsche Ausgabe erscheint 3 Jahre nach der schwedischen.)

Schon die Statistik der abgedruckten Briefe zeigt die Blickrichtung: 105 Briefe von August Strindberg (67% der überlieferten), 7 eigene Briefe (9,5%). Das Buch ist eine Apotheose auf Strindberg als literarisches Genie und eine Verklärung der Ehe mit ihm. Selbst die großen Zerwürfnisse (insbesondere vor der Scheidung), die der jungen Frida Uhl so zusetzten, werden jetzt geschönt, und die Trennung wird zur schicksalshaften Notwendigkeit umgedeutet.

Erste Anzeichen für diese neue Sicht der Dinge finden sich schon im erwähnten Brief von 1902 [71]. Hier spricht eine am Leben verzweifelte Frau, voller Selbstverachtung, die ihr Heil in der Heroisierung und völligen Unterordnung unter die Interessen ihres früheren Mannes sucht. Die niederschmetternden Erfahrungen der letzten Jahre lassen ihr die Ehe „im Grunde" noch ideal erscheinen, und den Rest tut die Phantasie dieser aus der Gegenwart strebenden Frau.

Saxen, Sommer 1992.

Von August Strindberg sind 78 Briefe an Frida Uhl aus dem Jahr 1893 erhalten, 52 aus 1894, 20 aus 1895 und 7 aus 1896. Umgekehrt gibt es 61 Briefe Frida Uhls aus 1893, aber nur 2 aus 1894, 2 aus 1895, 3 aus 1896 sowie 6 aus der Zeit danach. (Strindberg hat bei ihren Briefen gründlich vorsortiert!) Ich habe darauf geachtet, die Briefpartner trotz der sehr unterschiedlichen Zahl von überlieferten Briefen in etwa gleichem Umfang zur Sprache kommen zu lassen. Diese Auswahl bringt 45 Briefe Strindbergs (davon 12 erstmals in deutscher Übersetzung) und 26 (davon 24 bisher unveröffentlichte) Uhls.

Briefe (bzw. Teile von Briefen), die original in Deutsch geschrieben sind, werden selbstverständlich unverändert (mit allen Abweichungen von der heute üblichen Rechtschreibung und Grammatik) wiedergegeben. Die fremdsprachigen Briefe habe ich für diese Ausgabe erstmals bzw. neu übersetzt. Dabei griff ich in die Eigenarten der Briefschreiber – wie z.B. die häufige Verwendung des Gedankenstrichs bei Frida Uhl – möglichst nicht ein. Kürzungen im Text finden sich nur selten und sind dann durch [...] gekennzeichnet.

Bei den Briefen August Strindbergs halte ich mich an den Text der kritischen Briefedition: Strindberg August, Brev. Utgivna av Torsten Eklund. Band 9 ff. Stockholm 1965 ff. (Die dortige Briefnummer wird hier im Anmerkungsteil angeführt.) Frida Uhls Briefe gebe ich nach den Originalen in der Königlichen Bibliothek wieder.

Die vorliegende Auswahl zeigt – nicht schon wieder! – keinen völlig anderen und noch unbekannten

Strindberg. In den Briefen wird einfach **mehr** von seinem vielschichtigen und oft widersprüchlichen Charakter sichtbar als in seinen „autobiografischen" Romanen (und erst recht als in den Biografien der Literaturwissenschafter).

Das gilt übrigens auch für Frida Uhl. Sie ist keineswegs das unerfahrene, junge Ding, das sich an den arrivierten und viel älteren Autor anhängt. Sie agiert initiativ und selbstbewußt und läßt sich in ihren persönlichen Ambitionen nicht einengen. Fühlt sie sich in ihrer Eigenständigkeit durch Strindberg bedroht, zögert sie nicht mit dem letzten Schritt: Viermal in nur zweieinhalb Jahren ist sie zur Scheidung entschlossen.

Und August Strindberg? Wer kennt ihn als Lobredner der literarischen Fähigkeiten einer Frau? In Mondsee liest er erstmals ein Feuilleton Frida Uhls. Er zeigt sich tatsächlich begeistert von ihrem „Stil voll Geist und Farbe" und macht sich Vorwürfe, daß er sie und ihre Karriere „zu wenig ernst genommen" hat. (Erst Jahre später, im Roman *Kloster* mit dem angesprochenen Frauenbild, ätzt er über ihren „Stil, der auf einen alten Mann mit kahlem Kopf und Brille schließen ließ".)

Oder wer kennt Strindberg als chevaleresken, humorigen Beschützer verlorener Frauenehre? In Mondsee wird von der Familie Uhl gemunkelt, Frida bleibe vielleicht deshalb in London, weil sie eine vorehelich zustande gekommene Schwangerschaft verbergen will. 4-Monate-Ehemann Strindberg reagiert mit keinem angstpsychotischen Ausfall. In einer selten bei ihm zu findenden Anwandlung von Großzügigkeit und guter Laune schreibt er ihr, sie solle trotzdem nach Mondsee kommen: „Vier oder fünf Monate kann man nicht so unterscheiden." [42]

I.

BERLIN – MÜNCHEN

1893

Berlin W. Courbièrestraße 16/I.
[6. 2. 1893]

Verehrter Herr,

Wenn Sie wirklich für heute Abend nichts Besseres vorhaben, würde ich mich *herzlich* freuen, wenn Sie mich, so um 8 Uhr heimsuchten.

Mit bestem Gruß u. vielem Dank für Ihre gestrige freundliche Begleitung

Ihre
Frida Uhl
Courbièrestraße 16/I. rechts.

[Berlin,] 8. Februar 1893

Mein Fräulein,

Wenn Sie noch da sind, lassen Sie es mich wissen, ich flehe Sie an! Ich muß Sie für so viele Dummheiten, an denen mein vorübergehendes Unwohlsein Schuld war, um Verzeihung bitten. Ich muß Ihnen für einen unvergeßlichen Abend danken. Ich muß Ihnen sagen, daß ich die Rose nicht vergessen habe; ich ließ sie mit Absicht dort, um mir Gelegenheit zu geben, sie am nächsten Tag abzuholen, obwohl mir zum vorgesehenen Zeitpunkt der Mut fehlte.

Kurzum, ich haben Ihnen so vieles zu sagen – auf die Gefahr hin, Ihre Achtung zu verlieren, an der mir weniger liegt als an Ihrer Sympathie.

In Erwartung eines freundlichen Worts bitte ich Sie, mein Fräulein, mir Glauben zu schenken.

Ihr sehr ergebener

August Strindberg.
Berlin: Kleine Kirchgasse 2-3.

Mein sehr verehrter Herr,

Herzlichen Dank für Ihre Zeilen, aus denen ich nur Eines herauslese: daß Sie freundlich genug sind, vor meiner Abreise noch einmal ein wenig mit mir plaudern zu wollen. Das freut mich herzlich, denn der letzte Abend, den wir mitsammen verbrachten hat meine hohe Bewunderung, aufrichtige Achtung u. Sympathie für Sie, nur vermehrt.

In fünf Tagen verlaße ich Berlin bestimmt u. möchte früher noch alle Sehenswürdigkeiten daselbst zum letzten Male besuchen.

Vielleicht begleiten Sie mich, morgen, Freitag, in die Nationalgallerie. Es wäre sehr lieb von Ihnen. In diesem Fall, würde ich Sie bitten, so gegen $^1/_2$ 12 Uhr am Haupteingang der Gallerie zu sein, wo wir uns treffen wollen.

Sollten Sie bereits anderweitig über Ihre Zeit verfügt haben, so machen Sie mir viell. die Freude des Nachmittags 3 Uhr zu mir zu kommen u. direkt an meine Thüre zu klopfen.

Bis dahin mit schönstem Gruße

Ihre
Frida Uhl

Liebes Fräulein,

Habe ich Sie recht verstanden: heute abend um 5 Uhr bei Ihnen? Sagen Sie es mir durch den Überbringer dieses Briefes. Und wenn Ihnen die Zeit nicht paßt, geben Sie mir eine andere vor dem Untergang der Sonne, die heute nicht zu sehen ist.

Ihre Freundschaft hat bereits die meiner Zechgenossen so verdrängt, daß ich keinen einzigen dieser letzten 5 Tage missen möchte; auf die Gefahr hin, nach Ihrer bevorstehenden Abfahrt noch unglücklicher zurückgelassen zu werden.

Ein Wort also, ich bitte Sie, und ich bin zur angegebenen Minute bei Ihnen oder anderswo; ich schwöre es Ihnen!

August Strindberg.
Berlin: Lindenhotel: Kleine Kirchgasse 2-3.

Mein lieber Herr,

Nur ganz im Vertrauen möchte ich mir die bescheidene Anfrage erlauben: war Ihr Unwohlsein gestern eine glückliche Ausflucht od. war es traurige Wahrheit? – Ich habe rechte Angst, Sie könnten wirklich leidend sein u. bitte Sie herzlich, falls meine Besorgnis begründet ist: betrachten Sie mich als Ihre alte u. ergebene Freundin, die Ihnen gerne helfen möchte, u. teilen Sie mir mit, auf welche Weise dies geschehen kann. – Haben Sie Arzt, Pflege u.s.w.

Was kann ich für Sie thun? *Bitte* schreiben Sie es mir *ganz* aufrichtig!

Je mehr Sie mir Gelegenheit geben, Ihnen eventuell zu dienen, desto mehr erfreuen Sie

Ihre
Ihnen aufrichtig ergebene
Frida Uhl

Mein lieber Herr,

Nur ganz im Vertrauen möchte ich mir die bescheidene Anfrage erlauben: war Ihr Unwohlsein gestern eine glückliche Ausflucht od. war es traurige Wahrheit? — Ich habe rechte Angst, Sie könnten wirklich leidend sein u. bitte Sie herzlich, falls meine Besorgnis begründet ist: betrachten Sie mich als Ihre alte u. ergebene Freundin, die Ihnen gerne helfen möchte, u. teilen Sie mir mit, auf welche Weise dies geschehen kann. — Haben Sie Angst,

17.2.1893

Pflege u. s. w.

Was kann ich für Sie thun? Bitte schreiben Sie es mir ganz aufrichtig!

Je mehr Sie mir Gelegenheit geben, Ihnen eventuell zu dienen, desto mehr erfreuen Sie

Ihre

Ihnen aufrichtig ergebene

Fridall...

Berlin, 20. Februar 1893

Liebes Fräulein und Freundin,

Ich kann Ihnen nicht sagen, wie sehr unser Spaziergang im Park die bösen Geister, die mich verfolgen, gebändigt hat. Ich kann Ihnen nur danken und mich beglückwünschen.

Sie haben sich meine alte Freundin genannt! Meinetwegen! So alt wie ich werden Sie nie sein und nie so sehr Kind.

Aber ich muß Sie täglich sehen, auch auf die Gefahr hin, Sie zu kompromittieren. Sollte ich Sie einmal kompromittieren – lassen Sie sich das gesagt sein! –, bin ich bereit, Ihnen eine anständige Rechtfertigung zu geben, wie man das von einem Ehrenmann verlangt. Genug?!

Ihr alter junger Freund
August Strindberg.

Mein lieber Freund,

Ich habe nur zwei Minuten, auf Ihren Brief zu antworten, wenn ich nicht zu spät zu unserem Rendezvous kommen will. Auch wird meine Antwort kurz sein.

Sie haben mich eines schönen Tages gefragt, was mich bei so jungen Jahren so reif an Gesicht und Charakter gemacht hat? Es war wirklich durchaus nichts Besonderes. Es war überhaupt nichts. Und das gerade war das Schlimme. Sehen Sie, mein lieber Freund, man stirbt nicht gleich, wenn ein paar Träume sterben.

Ich befinde mich heute sehr wohl – nur bin ich kalt und alt geworden. Ich habe Sie aufrichtig lieb als Freundin und bin zu allem, allem bereit, um Ihnen zu dienen oder Freude zu bereiten. Aber ich bin unfähig, etwas zu empfinden, was auch nur im entferntesten einer heftigen Leidenschaft gleicht. Ich meine, daß das zu Ihrem Besten ist.

Da Sie mir versichern, daß Sie mich lieben, so glaube ich es Ihnen. Ich halte Sie für zu großmütig, mit einem Mädchen Ihr Spiel zu treiben, das Sie als Studienobjekt nicht interessieren kann und das Ihnen nichts Böses getan hat. Aber ich bin überzeugt, daß diese Liebe in Ihnen nur eine Illusion ist. Sie lieben die

Liebe, Sie lieben den Traum in Ihrem eigenen Herzen, Sie suchen die Verwirklichung Ihres Traumes, und – so täuschen Sie sich selber.

Es kommt aber noch – so hoffe ich – der Tag für Sie, an dem Ihr Traum Leben wird, an dem Sie ein Weib finden werden, das Ihrer würdig ist und das Sie liebt, und dann werden Sie glücklich sein. Bis zu diesem Tag lassen Sie mich Ihre Freundin bleiben, die aufrichtigste, die ergebenste, die liebevollste. Das ist die einzige Wahl, die wir haben, und es ist die beste, glauben Sie mir.

Geben Sie mir die Hand, wenn Sie mir zustimmen!

Frida

Zu Hause, 5 März 10 Uhr Abends.
Berlin: 6 März 1893.

Liebes, Liebes Mädchen,

Was ist geschehen, und was meinen Sie? War es Mitleid oder war es Liebe? Und nach diesem Brief gestern Abend?

Ich hatte so übergelesen was ich Ihnen heute fragen wollte: Stört es Sie, dass ich sie liebe? Geniert es Sie dass ich Sie so gern habe?

Und so, und so!

Mein Traum war so – jetzt will ich den Ihnen erzählen.

Wir sassen zusammen bei einem festlichen Tisch; sie nahmen meine linke Hand und küsste Sie – und so sagten Sie: Das habe ich nie gesagt (dass ich Sie ungern habe.); und so küssten wir uns wie Täubchen oder Engel.

Und wenn Sie gestern Abend dieselbe Worte ausgesprochen ist der Traum vor mir gekommen wie Etwas Schönes vergangenes das nie mehr erscheinen konnte.

Und so!

Was will jetzt werden? Und was meinen Sie? Verachten Sie mich nicht dass ich Sie so mit Ehrfurcht behandelt habe. Ich liebe Sie, aber wer nicht zum Kind wieder werden kann, er kann nicht lieben!

Sie waren sechzehn Jahr jung (nicht alt) gestern. Es war mir als ob Sie eine Altweiberverkleidung abgelegt und Sich in der Maiestät Ihrer Jugendlichen Schönheit offenbaren um mich noch unglücklicher zu machen! Und doch ... bin ich jetzt so glücklich dass ich weine.

– Gehen wir von Berlin zusammen als verlobte? In drei Tagen habe ich 2,000 Mark geliehen, und wir fahren nach Wien, suchen Ihre Eltern auf; und so – nach Italien, aber nicht vor der Esterhazy-Vorstellung?

Ist es Ihnen recht?

Eine Antwort!

Bittet

Ihr

August Strindberg.

Mein lieber Freund,

Zwei Zeilen schnell in Eile, um Ihnen zu sagen, daß ich in München angekommen bin – mit dem brennenden Verlangen, Ihnen hier bald guten Tag zu sagen.

Ich habe eine schreckliche Nacht verbracht, eingezwickt zwischen zwei Frauen, beide mit einem Polster ausgerüstet, den sie unterwegs auf mich warfen, sodaß der Zug wackelte. Und es war so kalt und so finster. Da ergriff mich die Angst, die wahnsinnige Angst, daß die Vergangenheit, über die ich nachdachte, nur ein Traum war und die Zukunft eine bittere Enttäuschung wird.

– Endlich ist diese Nacht vorüber. Und heute, mitten am Tag, fühle ich mich sehr glücklich. Ich laufe durch die Straßen, um ein kleines Zimmer für mich zu finden – und eine schöne Wohnung für Sie. Denn Sie kommen, nicht wahr – und Sie kommen bald?

Neumann-Hofer, der mich zum Bahnhof begleitet hat, hat mich um Ihre Adresse gebeten, denn er will Sie dieser Tage einmal sehen. Sprechen Sie mit ihm über Ihre Angelegenheiten, über alles – aber nicht über mich. Und außerdem versprechen Sie mir, nicht länger als bis Mitternacht mit ihm aufzubleiben – und – trinken Sie nicht zuviel!! Bitte schön!!

– Jonas wohnt in der Steglitzerstraße 66; besuchen Sie ihn bald. Schreiben Sie mir, bis ich Ihnen eine andere Adresse angebe, an die am Beginn des Briefs. Und schreiben Sie mir täglich, – bitte! Ich werde darauf immer antworten, besser als heute, wo ich tot bin vor Müdigkeit und Schlaf – aber immer aufrichtig die Ihre

F.

Liebes, Theures Kind,

Endlich ein guter Brief! Und Du sehnest Dich nach mir! Was will ich mehr wissen?

Aber jetzt spricht mann in der Stadt über unsere Verlobung. Das Gerücht kann deine Eltern erreichen, und so ist Alles in Feuer und Flammen. Horche deswillen deinen guten Freunden Neumann-Hofer welchen ich gestern Alles (Alles! mein Kind!) gesagt.

Sei klug wie du schön bist und sei überzeugt dass dein Wohl ist unseres Augenmerk.

Wenn ich Berlin verlasse ist Alles verloren, meine Zukunft und di[e]–deinige! Neumann-Hofer hat mir das ganz einfach verboten, weil er für dich verantwortlich ist.

So lange mann über eine Verlobung plaudert ist doch Alles recht und honett, aber über ein Verhältniss – Pfui!

Um 12 Uhr sind wir gestern nach Hause gegangen, und ich habe nur zwei Glas Rothwein mit Suerbrunn getrunken. Merkwürdig, nicht wahr, dass es mir nicht mehr zu trinken schmeckt. Du hast mich in Brand gesteckt so dass ich kein Feuer vom Wein mehr brauche!

Heute gehe ich zu Jonas!

Hier ist Frühling, aber wenn Du hier wärest, wäre es Sommer! Lebe wohl und gedenke meiner wie ich Tag und Nacht an dich denke.

Dein
August Strindberg.

P.S. Neumann wusste nicht dass ich gesetzlich getrennt war. Das bin ich! Könntest Du was Anderes denken?

Berlin: *12 März 1893.*

Liebes Mädchen,

Was machst Du? Komme her und hüte mich, so dass ich arbeiten kann, sonst ist Alles verkehrt. Böses Gewissen, schlechte Notizen von Stockholm, Unruhe treiben mich in das Schwarze Ferkel. Wenn wir über-ein sind, hängt ja Alles schliesslich von der unheimli-che Oekonomie ab.

Und von dem Augenblick da Du meine Verlobte bist, bist Du auch meine Frau, insofern dass ich für dich Alles besorge, weggesehen davon dass du mir behülflich wirdst mit meiner Geschäftskorrespondenz. Ist es dir recht und gut, so telegraphiere nur und ich und Fraue Neumann-Hofer wollen dir hier ein schö-nes Zimmer aufsuchen im Westen, oder lieber ein Pen-sionat!

Nich länger weilen! Ich will dich nicht fressen. Du muss Schriftsteller werden und unabhängig bleiben – ob Du so willst!

Du hast ein Körnchen von einem Mann in Dir und ich ein Tröpfchen von einem Weib! Das macht ein schönes, tolles Paar! Nicht wahr?

Dein
August.

12 Mars.

Lieber Mädchen,

Was machst Du? Komme her und hüte
mich, so dass ich arbeiten kann, sonst
ist Alles verkehrt. Böses Gewissen, schlecht.
Je Notizen von Stockholm, Unruhe treiben
mich in das schwarze Ferkel. Wenn wir
überein sind, hängt ja alles schliesslich
von der unheimliche Oekonomie ab.
Und von dem Augenblick da Du meine
verlobte bist, bist du auch meine Frau,
insofern dass ich für Dich Alles besorge,
weggehen deren dass du mir behülflich
wirst mit meiner Geschäftskorrespondenz.
Ist es dir Recht und gut, so telegraphiere nur und ich mit Frau Neumann.
Ihr wollen wir hier ein schönes Zimmer aufsuchen im Westen, oder lieber
ein Pensionat!

Nicht länger weilen: Ich will dich nicht fressen. Du musst Schriftsteller werden und unabhängig bleiben – ob Du es willst:

Du hast ein Körnchen von einem Mann in Dir und ich ein Tröpfchen von ei-ner Weile: Das macht ein schönes, tolles Paar: Nicht wahr?

Dein

August,

Berlin: 12 März 1893.

Mein lieber Freund,

Herzlichen Dank für Ihren Brief, der mir große Freude bereitet hat, war er doch eben so lieb als .. klug.

Ich bin mit Allem, was Sie getan, *völlig* einverstanden und Ihnen dankbar dafür.

Vor Allem war es *vollständig **richtig, gut*** u. nützlich, daß Sie, trotz meiner Bitte, mit Neumanns sprachen. Es sind dies ja die wahrsten, treuesten Freunde u. die liebsten, klügsten, warmherzigsten Menschen noch obendrein. Es war eine, größtenteils aus Verlegenheit meinerseits, hervorgehende Dummheit, ihnen nicht Alles selbst zu sagen. – Doch nun wollen wir vor Allem als gute Cameraden von Ihrer u. meiner nächsten Zukunft reden .. oder sagen wir: von „unserer", kurzweg verloben wir uns jetzt brieflich u. ohne Ring u. ohne Zeugen – auch ohne Mitwisser, Neumanns ausgeschlossen. Dann wissen wir Beide, daß wir für's Leben zusammenhalten wollen, ehrlich u. fest in guten u. noch fester in schlimmen Zeiten. Unsre besten Freunde wissen es auch u. *allen* andern Menschen, auch meinen Eltern, wollen wir davon erst sagen, wenn es uns gelungen ist, zu dieser künftigen Existenz eine feste, solide Basis zu legen. Dazu werden 6 Monate genügen, wenn wir klug u. fleißig sind.

Früher dürfen auch meine Leute nichts erfahren.

1. Bin ich *vor mir selber* nicht berechtigt irgend eine Änderung in meinem Leben vorzunehmen, bevor ich den letzten Pfennig der Schulden abgezahlt habe, die ich letzten Winter in Berlin in so genialer Weise gemacht.

2. Handelt es sich um die Art u. Weise, in der wir meinem Vater gegenübertreten müßen u. sollen. – Ich stehe jetzt – größtenteils durch meine eigene Schuld, in keinem allzu guten Einverständnis mit ihm u. möchte erst eine *vollständige* Versöhnung – mit ihm herbeiführen, bevor ich mich durch eine Heirath von meiner Familie löse, an der ich, trotzdem sie mir fremd geworden, mit ganzem Herzen hänge.

Mein Vater ist der Liebste, bes[te] weichste Mensch der Welt, u. wird Sie mit tausend Freuden aufnehmen – Ihnen auch ein wirklicher Freund werden, wenn es uns erst gelungen ist, den einzigen Punkt zu beseitigen, der ihn eventuell bestimmen könnte, eine Verbindung zwischen uns mit mißtrauischen Augen zu betrachten od. gar gegen dieselbe zu sein. – Das ist natürlich wieder der fatale Geldpunkt. Er selber hat mir nichts mitzugeben. So muß ich erst *beweisen,* daß ich imstande bin, von meiner eigenen Hände Arbeit zu leben.

Ich habe also *jeden* Zuschuß seinerseits abgelehnt u. lebe jetzt bis zum Herbste nur von dem, was ich durch meine Schreiberei verdiene. – Außerdem muß u. will ich mir jetzt weitere literarische Verbindungen schaffen, trachten auch bei Berliner Blättern Abnahme zu finden, so daß ich bis zum Herbste ein größeres Feld der Thätigkeit u. Einkommen habe.

Auch muß mein Roman früher fertig werden u. in Druck erscheinen.

Dies wären also meine Angelegenheiten. Nun zu Ihren. Bevor von einer neuen Existenz die Rede sein kann, muß mit der Alten gründlich aufgeräumt werden. Auch bei Ihnen.

Die Freie Bühne muß die 400 M. zurückerhalten u. alle Schuldscheine Ola Hanssons *müßen quittirt* in Ihren Händen sein. Das ist eine Summe von ungefähr 1000 M. Nicht?

Wenn Sie noch weitere Verpflichtungen haben, so *müßen* auch diese vorerst erledigt werden. Sonst kommen wir nie zur Ruhe.

[...]

Ich habe Sie wirklich von Herzen lieb u. will es Ihnen auch beweisen ... das versprech´ ich Ihnen.

Am 15. Oktober, glaube ich, können wir meinen Eltern Alles sagen.

Bis dahin ......

[...]

Ich schreibe heute an Annie u. teile ihr unsere Verlobung mit, die wir vorläufig brieflich feiern wollen – ja?

Da ich aber doch die Feier nicht entbehren möchte, will ich Ihnen einen Vorschlag machen: Neumanns gehen im Mai auf's Land – unbestimmt wohin. Wie wär's, wenn wir Beide, Sie von Berlin, ich von München aus dahin reisten u. dort mit ihnen zusammen eine Woche oder länger verbrächten u. unsere Verlobung feierten? .. Ich glaube im Grünen, bei Sonnenschein wäre es am Schönsten – – nicht?

Dann könnten wir auf unseren Posten zurückkehren u. weiter schaffen.

[...]

Und gelt, Sie sind vernünftig! – Bitte . . ! Seit Sie Ihr Capital in Händen haben, nimmt meine Angst kein Ende. Wie wär's, wenn Sie Frau Neumann zur Verwalterin erwählten? – Sie haben ja keine Ahnung, wie lieb u. gut sie ist. Sie können Sie ruhig damit betrauen. Und gelt, Sie gehen wöchentlich wenigstens einmal u. plaudern ein wenig mit ihr. Ich bin dann ruhiger .. viel ruhiger. Am Besten wäre es, wenn Jonas Ihre sämmtlichen Angelegenheiten in die Hand nähme – auch die finanziellen .. Jedenfalls schließen Sie keinen Contrakt ohne Neumann zu befragen.

Ich habe mir heute eine schwedische Sprachlehre gekauft u. fange nun an fleißig zu lernen, damit wir die Übersetzer los werden.

[...]

– – Na – das wäre nun des Geschäftlichen genug …
zu viel? meinen Sie? – Aber ich muß u. will Ihnen eben
beweisen, daß ich klüger bin od. sein möchte, als
schön. Nun sind sie wohl zufrieden.

– Sonst wenig Neues. Die Sonne scheint furchtbar
warm u. den lieben langen Tag in mein Zimmerchen
herein, das ganz mit sattbraunen Holze getäf[elt] ist.
(Bitte um Entschuldigung für den Klecks.)

Heute früh lief ich etwa 2 Stunden an der Isar entlang. Langweilig ist München ja zum Vergehen – so-
weit die Menschen in Betracht kommen.

In die *Stadt* selbst bin ich wieder über alle Maaßen
verliebt.

Ja – aber nun, bitte schön, gehen Sie zu Neumanns,
denen ich unterdessen auch geschrieben habe – u. da
sprecht Alles durch u. feiert die Verlobung *bitte* u.
dann schreibt mir, wie es war.

Ich bin ja im Geist doch bei Euch. Und dann sende
ich Ihnen noch einen besonders feierlichen … Verlobungskuß.

Adieu, Herr Gemahl in spe!

Frida

Liebe kleine Gattin,

Ich habe gerade Dein Aktenbündel durchgeschaut, in dem Du mir so viele Sachen voll Klugheit und Liebenswürdigkeit sagst. Ach, Du schlägst mir eine 6 Monate dauernde geistige Ehe vor! Das würde in weiterer Folge Deinen allzu irdischen Gatten in ein Irrenhaus bringen.

Wenn Du Deine Meinung nicht änderst, unterwerfe ich mich Deiner mächtigen Hand, aber unter der Bedingung, daß Du mich während dieser grausamen Zeit unabhängig bleiben läßt. Du gestehst, daß Du unfähig bist zu lieben, lieber Engel. Ich glaube Dir aufs Wort, und ich warte darauf, die weißen Flügel auf Deinen reizenden Schultern wachsen zu sehen. Gebe der Himmel, daß Du nicht über die Wolken hinausfliegst und ich Dich aus den Augen verliere! Ich bin ein erbärmlicher Bewohner dieser irdischen Welt und könnte Dir nicht folgen.

Also was tun? Warten! Aber es ist gefährlich, und ich erwarte ein Unglück!

Gestern abend habe ich bei Neumann-Hofer auf unsere geistige Verlobung getrunken. Nichts hat gefehlt, nur die Braut! Und Dein Verlobungskuß, den

Du mir per Briefträger gabst, war nicht nach meinem Geschmack. Ein hübscher Scherz, glaub´s mir!

Hab wenigstens soviel Mitleid mit meiner Phantasie, die Dich bildlich nur mehr als alte Tante vorstellen kann, und schicke mir Dein Bild, aber eins von den guten! Du bist eine kleine Hexe, aber Deine Macht hat nicht die Reichweite von 100 Meilen, und die liegen zwischen uns.

Ich umarme Dich, lieber Engel, und rufe Dich in die Wirklichkeit zurück, die alles übertrifft, wovon ein junges Mädchen geträumt hat.

Dein himmlischer Gatte.

August.

Mein lieber Freund,

Da wir uns nun einig sind über meine Qualitäten als Engel, sage ich Ihnen, daß Sie ein sehr großer Briefschreiber sein müssen. Denn ihre Briefe erregen sogar bei Engeln außergewöhnliches Gefallen. Und vor allem das engelhafte Wesen, das Sie Ihre Frau nennen und das sich Ihre untertänigste Dienerin nennt, verschlingt und genießt sie mit großer Lust. – Kommen Sie, schrecken Sie mich nicht mit Ihren Drohungen. Ich habe Ihnen dargelegt, warum ich nicht nach Berlin zurückkehren *kann*, obwohl mich mein Herz dorthin zieht. Und Sie sind zu edel, um mich für etwas bestrafen zu wollen, was nicht meine Schuld ist – indem Sie tun, was mich am meisten kränkt, weil es Ihnen selbst schadet, … indem Sie das Schwarze Ferkel oder sonst ein Ferkel aufsuchen. Hören Sie, Sie haben Neumanns. Sie haben andere Freunde – und dann *haben Sie* – mich. Auch wenn Sie selbst es abstreiten, – ich kenne die *Kraft,* um das zu machen, was Sie als gut erachten.

– Was Ihre Unabhängigkeit betrifft: Natürlich, mein lieber Freund, haben Sie die, *wie Sie sie immer haben werden,* unbegrenzt. Ich will Ihre Freundin sein, nicht Ihre Herrin, verstehen Sie doch. Es steht Ihnen frei, das zu tun, was Ihnen gefällt. Halten Sie sich vor allem nicht dazu verpflichtet, mir treu zu bleiben. Ich gestatte Ihnen alle Seitensprünge, nach denen Ihr Herz begehrt. Ich weiß, daß das überhaupt keine Bedeutung für die Liebe hat. Auch im übrigen tun Sie, was immer Ihnen gefällt. Ich bitte Sie nur um *eines: Überlegen* Sie, bevor Sie handeln. Bedenken Sie beispielsweise, daß Sie unsere Heirat unmöglich machen (*selbst nach* den 6 Monaten geistiger Ehe, wie Sie das nennen), wenn Sie das Geld beim Fenster hinauswerfen, anstatt danach zu trachten, Ihre Schulden zu bezahlen. Bedenken Sie, daß Ihnen jedes Goldstück, das Ihnen auf diese Weise unnütz ist, in einem Jahr nützlich sein kann, sich ein Daheim zu schaffen, wo Sie sich wohl fühlen, wo Sie ihren Komfort und keine Sorgen mehr haben ... Bedenken Sie das, und Sie werden mich und meine armseligen Ratschläge nicht mehr nötig haben und Ihre ganze Unabhängigkeit behalten.

– Schau, mein lieber Freund, ich habe auch nichts mehr. Also müssen wir alle beide arbeiten. Ich tue es gern im Augenblick, und wenn mich etwas anödet, denke ich an die große Nützlichkeit dieser langweiligen Sache. Und dann geht es. – – – Versuchen Sie es, damit Sie sehen, *wie* das funktioniert!! Aber ich glaube, Sie sind ein wenig faul – verzeihen Sie das Wort –, was Ihre Entschlüsse betrifft. – Sie sagen mir fünfmal, daß Sie zu Jonas gehen wollen, und das beweist mir, daß

Sie noch nicht dort gewesen sind. (Es ist im übrigen gut, daß Sie nicht dorthin gehen.) – Beantworten Sie mir kurz alle beiliegenden Fragen. Für das übrige übernehme ich die Verantwortung. Es gibt etwas, da müssen Sie *mir folgen*, ja mein lieber Herr; das sind die Geschäfte. Wenn Sie mich anpacken lassen, werden Sie nicht am schlechtesten aussteigen. Wenn Sie nicht folgen, machen Sie uns beiden die Zukunft schwer.

[...]

Wenn Sie ein Bild von meinem alten Gesicht haben wollen, werde ich Ihnen in 3 Wochen eines schicken. Früher kann ich nicht, weil ich keines fertig habe. Es muß zuerst eines angefertigt werden. Aber nur unter der Bedingung, daß Sie mir das Ihrer Photos schicken, auf dem Ihr Kopf am besten getroffen ist. Sie würden mir *große* Freude machen.

Es wird wieder kalt hier. Der Sommer ist noch weit weg. Aber denken Sie, wenn der vorbei ist und der wirkliche Winter kommt, werden wir unseren Herd haben, um uns dort zu wärmen; – wenn Sie klug sind, mein lieber irdischer Freund. Denken Sie an die irdischen Dinge, sonst könnten echt Sie der „Himmlische" werden. – Und jetzt verzeihen Sie mir meine Predigt und die Rolle der alten Tante. – Ich liebe Sie sehr, trotzdem.

Frida

Berlin, 16. März 1893

Liebes Kind,

Jetzt ist der Augenblick gekommen, wo ich Dir alles sagen muß, auf die Gefahr hin, bei Dir in Ungnade zu fallen.

Eine ehrenwerte Liebe, die auf dem Weg zu einer Ehe ist, hat ihre ökonomische Seite, das gebe ich unstreitig zu; aber die Ehe darf kein Handelsabkommen sein. Du hast die Rolle meiner guten alten Tante gespielt, und das Spiel hat mich amüsiert, weil alles, was Du tust, Dir gut steht. Aber Du hast Dich in dieser Rolle fixiert, Du hast die Macht mißbraucht, die ich Dir gegeben habe, und ich bin Dein lächerlicher Sklave geworden.

Mein Herz scheint mir jünger als Deines, mein Geist freier als Deiner, aber bei der Lektüre Deiner Eheinstruktionen ist mir das Entsetzen gekommen über die Ehe, so wie Du sie verstehst.

Vom Mitleid zur Verachtung ist es nur ein Schritt, und Du verachtest mich bereits. Dein Dispens, daß ich Dir nicht treu bleiben muß, hat mich verletzt, denn er beweist, daß Du mich gar nicht liebst.

Vom heutigen Tag an verbiete ich Dir jegliche Beschäftigung mit meinen Geschäften, jegliche. Wir werden sehen, ob sich unsere Liebe nicht von ihrem eigenen Feuer ernähren kann, ohne diesen scheußlichen Brennstoff.

Das heißt nicht, daß ich meine Geschäfte vernachlässigen will; im Gegenteil: Seit gestern beschäftige ich mich damit, und ich bin bereit, alles bis zum Mai in Ordnung zu bringen, den von Dir vorgeschriebenen Bedingungen entsprechend.

Ich liebe meine Liebe, weil Du meine Liebe bist. Aber Du liebst meine chaotischen Verhältnisse, weil Dir das die Oberhand in diesem Kampf der Geschlechter um die Erhaltung der Persönlichkeit gibt.

Du hast mir Dein Seidennetz über meinen Kopf geworfen, ich zapple schon drinnen, und ich sehe den Augenblick kommen, wo Dein Herkules Deine Spindel nehmen wird, Omphale! (Vorausgesetzt, daß alles so weitergeht wie bisher.)

Du glaubst zu wissen, daß Dich Deine mütterliche Liebe für mich leitet! Das möchte ich sehen! Weißt Du, kleines Ding, was sich in einer Menschenseele unter dem Deckmantel edler Gefühle abspielt? Die Mächte der Finsternis spielen ihr häßliches Spiel, und nur der Seher sieht hier klar!

Ich bin ein Seher, und ich möchte nicht das Spielzeug meiner eigenen Schöpferkraft sein, die Leib geworden ist in einer kleinen Frau, so reizend, daß sie einen Gott verführen könnte!

Wie groß Deine Macht auch sein mag: Du fängst mich nicht, Viviane, obwohl ich es war, der Dir die Zauberkünste gelehrt hat!

Hinaus! Luft unter die Flügel, und Dein Adler, gerupft und gehackt durch die Vögelchen, steigt trotzdem auf, höher als der blaue Himmel, wohin die guten kleinen Engel nicht folgen können!

A.

Mein Freund,

Auf dem Papier, das Du selbst mir gegeben hast, muß Dir schließlich meine Antwort auf Deinen letzten Brief zukommen. Verzeih mir, daß ich Dir nicht früher geschrieben habe – aber es war ein harter Kampf mit mir selbst, dem ich mich ausgesetzt habe.

Horch – Du hast schrecklich recht mit dem, was Du geschrieben hast – nicht darin, daß ich es sein soll, der über die Geschäfte einen Marsch an die Macht antreten will. Nein – wenn je, dann müßte es gegen meinen Willen, gegen jede *Wahrscheinlichkeit* sein, daß Du der Besiegte bist – in unserem Kampf der Persönlichkeiten. Ich könnte Sie nicht mehr lieben und folglich nicht mehr mit Ihnen leben, weil ich – das ist ein Fehler in meinem Wesen – nur einen Mann lieben *kann*, der mir überlegen ist, vor dessen Persönlichkeit ich mich verneigen kann. Wärst Du nicht mein Adler gewesen, dieser Adler, der sich nicht nur weit über mich erhebt, sondern auch über alle anderen Menschen, die in dieser Welt leben, Denker und Dichter, hätte ich nie das für Dich empfunden, was ich für Dich empfunden habe: Bewunderung zuerst, dann eine .. falsche? .. Freundschaft, dann Liebe. Nicht ich werde das Vögelchen sein, das Dich rupft, denn ich bin stolz auf Dein herrliches Gefieder, ich liebe Dich wegen Deiner Kraft. Zumindest habe ich *begonnen*, Dich deshalb zu lieben. Aber alles, was ich Dir geschrieben habe, war falsch – das ganze Schreiben war falsch und disharmonisch. Alles, was ich geschrieben habe? Nein. Aber alles, was Du von meinen Briefen aufgenommen hast. Mein Gott, diese guten Briefe. Ich habe mehr als einen davon pro Tag fabriziert, als all das, was in mir vorging, zu stark war, um verschwiegen zu bleiben.

[...]

Ich werde die Angst nicht los, daß Sie meine Briefe herzeigen. Das ist lächerlich, ich weiß, *denn Sie haben mir versprochen*, es nicht zu tun, und ich verlasse mich auf Ihr Wort. Und doch, – – ich weiß nicht, was das ist. – Also habe ich gegen meinen Willen begonnen, einen unpersönlichen Stil zur Schau zu stellen, weit weg von allem, was man Sprache der Liebe nennen könnte. Ich wollte nicht, daß ein einziges *empfundenes* Wort zu den anderen dringt, und ich wollte bei Dir nicht den Eindruck erwecken, ohne Liebe zu sein. Also bin ich mehr und mehr die alte Tante geworden. Das Herz hat schweigen müssen, und der Kopf hat mit seiner Sprache begonnen. – Schau, ich kann keine Neuigkeit schreiben, ohne wie ein Held oder eine Heldin zu empfinden, und das während ganzer Tage in der Wirklichkeit. Ich habe auch begonnen, so zu empfinden, wie ich schrieb, und ich war überzeugt davon, daß mir eine einzige Sache wichtig wäre – alles bezahlen, Rechnung für Rechnung begleichen und selber eine alte Mutter bleiben, die schon längst alle irdischen Empfindungen überwunden hat. Und Du bist bereits ein Sohn aus meiner längst vergangenen Jugendzeit geworden, fast ein verlorener Sohn. – Oh Gott, oh Gott! Ich weiß nicht, was das ist. Aber ich glaube, daß ich mir so immer selbst eine Komödie vorspiele. Ich lebe ganz in meiner Vorstellungswelt und spiele mit der Wirklichkeit, die für mich aufgehört hat zu existieren. – Horch, ich sage Dir das alles, damit Sie selbst entscheiden, ob Sie es wagen, das Leben mit einer solchen Verrückten in Angriff zu nehmen. Das wird Ihnen noch *viel* Sorgen bereiten. Denn es kommt oft vor, daß ich meinen Charakter und mein ganzes Wesen so plötzlich ändere, bis ich erwache aus diesem Traum; – manchmal lachend, manchmal schon weinend. Ich bin zu allen Gegensätzen fähig, zur wahnsinnigsten Leidenschaft und zur Kaltblütigkeit eines Frosches, zur Knauserei und zur Verschwendungssucht… Richten Sie, sprechen Sie Ihr Urteil, wie Sie glauben.

Aber wegen all dem, wegen all dem ist diese Tantenrolle im Grunde *sehr* gegen meine Natur, soviel als irgend möglich gegen meinen Charakter; deshalb habe ich sie so übertrieben. Eine Schauspielerin, die keine wirklichen Tränen nachmachen kann, stößt in den ergreifenden Augenblicken theatralische Schreie aus. Und ich, die ich weder ein Engel, noch eine Gefühllose, noch eine Ökonomin bin, ich bin die Karikatur von all dem gewesen.

[...]

Und jetzt umarme ich Sie – *viel* zärtlicher, als ich es je in Wirklichkeit getan habe; – wenn Sie wollen, nein, wenn *Du* willst!

Liebe Frida,

Ich reise nicht nach Wien, weil ich nicht kann, und weil ich es für unnütz halte, aus so vielen Gründen ...

Also seien wir ruhig und warten wir ab! Ich gebe zu, daß die Geldfrage alles entscheidet; deshalb denke ich nur mehr ans Geld.

Liebe Frida! Mir als Mann steht es zu, Liebesbriefe zu schreiben, und Dir, mein Gejaule zu lesen.

Was Du mir bezüglich meiner Kinder gesagt hast, hat mich äußerst berührt, aber mein kleiner blonder Rivale ist bis auf weiteres gezwungen, bei seiner Mutter zu bleiben.

Frau von Essen hat mir kürzlich einen sehr freundlichen Brief geschickt, aber ich bin nicht sicher, ob die Notiz über meine Verlobung zu ihr gelangt ist.

Mittlerweile, und nach der Ankündigung der neuen Heirat, sind die Gläubiger in Schweden verrückt geworden, sodaß die Angelegenheit noch komplizierter wird ... Leider! Und es gibt Augenblicke, wo ich die Last mehr als drückend empfinde!

Bei Dir – alles, weg von Dir – nichts!

Auf alle Fälle: Geduld und Hoffnung!

Ich fürchte nur eines: daß ich zu alt bin, nicht um den jungen Ehemann zu spielen, sondern um mich anständig zu benehmen als Sohn Deines Vaters und Deiner Mutter. Schwager Deiner Schwester, das steht mir bestens. Ich bin überzeugt, sie ist ebenso reizend wie Du.

Bis Ende Mai also! Meine schöne Braut!

August.

Lieber Freund,

In Eile, nur damit dieser Brief noch weggeht.

Beiliegend die Notiz, die mir meine Schwester im Namen meines Vaters schickt. Sie hat ihm alles gesagt; er bewundert Sie und willigt *gerne* ein.

Horchen Sie, mein lieber Freund, ich liebe Sie.

Überlegen Sie jetzt, ob Sie glauben, daß ich Sie glücklich machen kann. – Ich verspreche Ihnen, alles dafür zu tun.

Dann schreiben Sie einfach meinem Vater – Wien, Herrengasse 7 –, daß ich Sie liebe etc. Fertig. Wir sind verlobt und können im Herbst, oder wann wir es machen werden, heiraten.

– Was Ihre Gläubiger betrifft: Wieviel schulden Sie ihnen eigentlich?

Ich weiß, daß mir Papa für meine Wäsche etc. 3400 Mark geben wird. Wir können das verwenden, um die schlimmsten unter ihnen zufrieden zu stellen. Wenn Sie glauben, das beruhigt sie – ich könnte ihnen gegenüber mit meiner Unterschrift gutstehen.

– Das *einzige* Hindernis ist, daß ich fürchte, Sie lieben mich nicht mehr und wollen Ihre Kinder zurückgewinnen. In diesem Fall, seien Sie ehrlich, *ich flehe Sie an.*

Ich liebe Sie genug, um *Ihr Glück* zu wollen, auch auf Kosten des meinen. Sagen Sie mir ein Wort, und ich widerrufe die Notiz, und alles ist, als wäre nie etwas zwischen uns gewesen.

Aber bitte *schnell* eine Antwort, ich sterbe vor Angst.

Die Klugheit der jungen Mädchen hört auf, sobald sie zu lieben beginnen. Ich habe Angst, weil Lautenburg meinem Vater gesagt hat, daß Sie **leidend** sind??? Angst, Sie durch meine Briefe verletzt zu haben. Ich hatte gute Absicht, aber ich bin so dumm. Also antworten Sie sofort.

F

Liebe Frida,

Ich liebe Dich! Wie oft muß ich es Dir sagen? Einmal täglich, zwei Monate lang, das macht sechzigmal! Wenn Du hier wärst, würde ich Dich durch eine einzige Umarmung mehr davon überzeugen als durch 60 Briefe (die Telegramme nicht gerechnet).
Und Du zweifelst trotzdem daran!
Du liebst mich! Ich glaube es! Aber, liebes Mädchen, erdrücke mich nicht unter Deiner Liebe. Du willst auf Deine Ausstattung verzichten, um meine Schulden zu bezahlen! Ich bete Dein goldenes Herz an und schäme mich! Aber bedenke doch, Liebes, daß ich ein Mann bin und daß der Ehrenkodex für einen Mann nicht der gleiche wie für eine Frau ist. Erinnere Dich an den lauten Abend in der Kneipe Sudermanns, wo Du im Begriff warst, mich zu verlieren!
Also ein Kreuz über meine Geschäfte und zwei Kreuze über das Geld!
Was meinen Pflichtbrief an Deinen Vater betrifft: Ich verschiebe ihn auf den Tag, an dem ich seine erste und sehr berechtigte Frage beantworten kann: Sind Sie in der Lage, eine Frau zu ernähren?
Sag ihm daher bitte, er möge warten, wie ich warte und Du warten mußt, wenn Du mich liebst!

Ich leide, aber ich bin nicht leidend! L. hat wie gewöhnlich gelogen! Die Reise nach Wien habe ich abgesagt! So ist das!

Danke für Deine Blümchen und Deine guten Briefe, die für mich zu gut sind!

Ich kann Berlin nicht verlassen; ich bin hier festgebunden. Und Du in München! Was für eine traurige Verlobung! Liebe per Post! Guter Himmel! Und trotzdem lieben wir uns, zumindest

Ich liebe Dich! Glaub´s mir!

August.

Sehr verehrter Herr,

Sie haben heute früh, als Begründung Ihres Wun-
sches unsere Verlobung zu lösen, Beschuldigungen so
schimpflicher Natur gegen mich geäußert, daß ich es
mir und meinem ehrlichen Namen schuldig zu sein
glaube, dieselben durch Thatsachen zu widerlegen u.
von Ihnen als Ehrenmann annehme, daß Sie mir dabei
kein Hinderniß in den Weg legen werden, widrigen-
falls ich, an Ihrer Aufrichtigkeit zweifeln müßte, was
ich nicht gerne möchte. Ich hoffe Sie verstehen, daß es
sich dabei nicht um Liebe u. Ehe handelt, sondern einzig um eine Feststellung des meine Ehre betreffenden
Sachbestandes.

Es gibt nur zwei Dinge, die Sie eventuell berechti-
gen könnten, mich irgend einer Unlauterkeit zu beschuldigen:

1. Ihre persönliche Erfahrung mir gegenüber.
2. Das Zeugniss g l a u b w ü r d i g e r Personen.

Sie persönlich haben mir nichts vorzuwerfen u. [es]
können Ihnen *gewährbietende* Capacitäten das bezeu-
gen.

Es handelt sich also um die Aussage Anderer.

Von diesen nannten Sie mir blos Einen: meinen
Freund, Hrn. Dr. Neumann-Hofer, der sich Ihnen

gegenüber: 1. über mein angebliches *Verhältniss* mit einem bekannten Herrn geäußert haben soll – in, wie Sie sagten – für mich schimpflicher Weise, 2. behauptet hätte, ein andrer Herr … mit dem ich stets nur rein gesellschaftliche Beziehungen hatte, habe sich genötigt gesehen, mich zu verabschieden u.s.w.

Grund dieser Angabe Ihrerseits habe ich Hrn. Neumann-Hofer um Aufklärung über diese mir unerklärliche, durch nichts motivirte Behauptung gebeten, u. von ihm die Versicherung erhalten, der ich gerne vollen Glauben schenke: er habe so etwas nie gesagt – sagen *können* u. betrachte es als ein Mißverständnis, wenn Sie auch nur Ähnliches seinen Worten entnommen hätten.

Diese Widerrufung müßte Ihnen wohl genügen u. kann ich Sie nur bitten, falls dies nicht der Fall, sich direkt an Hrn. Neumann-Hofer zu wenden, der den Ehrenmann sehr wohl vom Galanthomme zu *trennen* weiß, dessen Wort Ihnen also maaßgebend sein kann.

Andere Zeugen haben Sie mir nicht genannt. Wenn Sie mich jedoch auf Grund fremder Aussagen fernerhin beschuldigen wollen, sind Sie, wie ich Ihnen wohl nicht zu sagen brauche, verpflichtet, mir dieselben gegenüber zu stellen.

Ich fordere, ob nun das Wort Ehe zwischen uns jemals noch erwähnt werde, od. nicht, daß Sie sich auf die von mir vorgeschlagene Weise davon überzeugen,

daß Ihre Vorwürfe unbegründet sind u. mir dies dann
bestätigen. Das sind wir uns Beide schuldig.

– Wie Sie dazu kommen, freilich – *nach Allem Vorgefallenen* unsre Verlobung heute, am 16. April, zu
lösen, *angeblich* dieser Dinge halber, die man Ihnen am
9. März erzählte u. die Sie bis dahin an *nichts* hinder-
ten – das ist eine Characterfrage, die ich nicht erörtern
will, weil mir vorläufig *nur* daran liegt, den Schimpf,
den Sie mir angetan, zurückgenommen zu sehen.

Bis dies geschehen, kann selbstverständlich von keinem weiteren Verkehr zwischen uns die Rede sein u.
werde ich, um mein Quartier vorläufig zu meiden, im
Leipziger Hof mit meiner Schwester Aufenthalt nehmen, von wo aus ich Ihnen morgen Früh, Ring etc.
retourniren werde u. wohin ich Sie bitte Ihre Antwort
zu richten.

F Uhl

II.

LONDON – SELLIN

1893

Seegang wie Du siehst! – Was machst Du? Was denkst Du? – Mir ist Alles, Vergangenes und Gegenwärtiges zusammengeflossen wie im Traum. Und das Leben macht mir Seekrank obgleich das Meer nichts.

Was mir am Meisten plagt? Das ich Dich, Liebes Kind, in meinem Elend eingezogen habe. Hattest Du nicht genug mit deinen Sorgen? –

Morgen erst sind wir in Hamburg. um 5 v.m. Welch einen Sonntag ich passiert! Und Du?

Du hast geweint, gestern! Ja warum nicht! Lachen hat keinen Sinn, vorläufig.

Es war nicht London und Hitze allein die mich drückten. Was Anders war´es wohl? Auch!

Adieu, ohne Adieu!

Dein
Aug Mann

Mein geliebter Dachs,

Du bist also auf dem Meer, eingesperrt in eine arme kleine Kabine, ohne Schlaf, ohne Ruhe wahrscheinlich. Vielleicht sogar krank!

Und ich, ich befinde mich wieder daheim, ach mehr bei Dir – in den Zimmern, die Du wenige Stunden zuvor noch bewohnt hast und die mich jetzt leer und verlassen empfangen haben. Ich habe mich zuerst in unser gutes großes Bett gekauert. Es war dort noch der Abdruck Deines Kopfes, sogar noch der Duft Deiner Haare. Aber Du warst nicht mehr dort, Du wirst nicht mehr dort sein, und ich selbst halte mich nicht mehr dort auf. Jetzt bin ich wieder auf und schreibe Dir gerade, sage Dir gute Nacht – in Gedanken wenigstens: Dir, der mich – mit einigen kleinen Unterbrechungen – so glücklich gemacht hat und der jetzt gegangen ist, wie der Traum vom Glück immer wieder verschwindet. –

Mein Gott, mein Gott! Niemals hätte ich geglaubt, mit dem Herz an Dich gefesselt zu sein, in Dein Leben so eingeschlossen zu sein, wie ich es bin. Ich bin nicht traurig, aber alles ist so leer, so leer. Und alles, was passiert, scheint mir so überflüssig – als ginge ich schlafend hindurch, als gehörte alles, was ich sehe und berühre, nicht zu meinem Leben, nicht zur Wirklichkeit.

Thomas Grein hat mich unterwegs verlassen, zum Glück. Die Straßen waren so verlassen, oder schienen sie es nur zu sein?

Zufällig liegen zwei Deiner Fotografien auf Deinem Tisch herum. Ich habe sie da vor mir. Schwacher Abglanz, der wenig gemeinsam hat mit Deinem lieben Gesicht eines Genies mit Goldherz und männlicher Schönheit. Aber das erinnert mich in einigen Zügen an Dich, und das ist mir wertvoll.

August, ich liebe Dich! – Jetzt kann ich es Dir sagen. Ich habe nie gewußt, daß so etwas wie Du existieren kann. Ich habe nicht mehr so hoch von der Welt gedacht. Ich hatte ein wenig Verachtung für die menschlichen Wesen übrig, vor allem für die männlichen Wesen. Ich habe nie einen wie Dich unter ihnen gekannt. Vielleicht, weil ich kein Glück hatte – vielleicht, weil keiner dabei war. Und dann war ich mit Dir, dann habe ich Dich kennengelernt, dann war ich manchmal zornig, dann fühlte ich mich manchmal unglücklich, dann habe ich Dich mehr und mehr geliebt, geliebt mit meiner ganzen Seele, mit meinem ganzen Geist, verrückt geliebt. Du bist meine ganze Liebe geworden. –

Das ist sehr komisch für eine alte Braut, oder? Deshalb werde ich mein Gejaule lassen. Aber ich würde gerne bei Dir sein, Dich umarmen können (nicht nur die Hand drücken), Dich anschauen, Dir sagen, daß ich Dich liebe und daß ich an Dich glaube, blind, weil Du das Edelste und Aufrichtigste bist, das es auf Erden gibt!

Ich habe nicht Angst, daß Du mich verläßt; ich denke nicht daran. Ich glaube daran, daß wir uns wiedersehen und daß ich Dir jetzt auch das Geld beschaffen kann, eine Frucht Deiner Arbeit. Ich bin zuversichtlich, daß sich alles zum Guten wenden wird, schon bald. Als wir uns verlassen haben, hast Du geweint, selbst Du. Und obwohl mir das das Herz zerrissen hat, Dich Tränen vergießen zu sehen, Dich leiden zu sehen, hat mir das außerordentlich gut getan, denn das hat mir gezeigt, daß Du mich noch liebst, obwohl ich es nicht verdiene, obwohl ich nicht mehr daran glaubte. –

Wenn Du diesen Brief erhältst, wirst Du bereits in Rügen sein, sicher vor jeder Gefahr. Aber was wird Dir bis dahin alles geschehen sein? – Die Angst macht mich verrückt! Mein Schaf, mein armer Schafbock, Du ohne Geld, ohne alte Tante auf Reisen, bei dieser Hitze. Ich darf nicht daran denken. Ich flehe Dich an, schreib mir sofort eine Karte. Ich leide eine Verbrecherstrafe bei dieser Unsicherheit. Und Du, was ist aus Dir geworden, August, Dachs, Schaf, Lieber. Gutes, Einziges!!

Zuletzt: – Sobald ich Geld in meinen Händen halte, schicke ich es Dir. Das kann nicht lange dauern. Deine Briefe werden Dir auf der Stelle geschickt werden. Geduld, Freund, Geduld. Ich bitte Dich inständig darum!! Leih kein Geld in Berlin aus, überall anders. Schicke mir lieber eine Depesche. Mutter Porges gibt uns Geld und gibt keinen Ton von sich. Ich bitte Dich, nicht in Berlin. Die Angelegenheiten mit Colbron, Zuhling etc. behalte ich für mich. Sobald es eine wichtige Frage gibt, hole ich Dein Urteil ein. Ich werde nichts ohne Dich machen. –

Grein hat mich gebeten, ihm die Themen für einen Artikel über Dich zusammenzustellen, den er in einem holländischen Journal veröffentlichen will. Ich gehe daran. Ich notiere ihm alles, was ein günstiges Licht sowohl auf den Menschen, als auch auf den Schriftsteller wirft. Morgen schreibe ich an H. Carthy, um ihn zu besuchen. Ich werde nicht ruhen, bevor ich mich nicht um Deine Interessen gesorgt habe, die durch Liebe die meinen sind. Mach nichts Definitives wegen des Theaters. Ich bin guter Hoffnung, Unterstützungen für Dich zu finden.

Geliebter, wir werden uns wiedersehen, glücklich, bald. Oh, das Glück von damals! Ich küsse Deine große Stirn, Deine Augen, Deinen Mund, Dein ganzes Sein, ich liebe Dich. –

Deine alte Braut *Frida*

[London, ca. 24. 6. 1893]

Mein liebes Herz,

Heute kam kein Brief von Dir mir Nachricht vom
Schaf zu bringen. Infolge dessen große Betrübung in
Warwickstr. 84. – Schatz, lieber guter, dummer, was
machst Du denn? Haben sie Dich am Ende schon ge-
pfändet u. Dir den kranken Löwen vom sehr verehrten
Leib gezogen? – Herr Gott – ich habe solche Angst um
Dich! – Mut – Geliebter – morgen – mit diesem od.
nach diesem Brief hast Du wohl schon das Geld. Folge
aber meinem Rate dann – Fahre *sofort* nach Rügen per
Bahn über Stralsund. Sonst passirt Dir noch weiß der
Himmel was. Du bist ja ein Hammel – kein gewöhn-
liches Schaf, mein dummer Junge!

Ferners bitte schicke mir Rechung: wie viel Geld Du
bekommen – wie viel ausgegeben. Kriegst Du 200 M
so sende mir 50. Die Kasten sind leer u. endlich heißt
es zahlen.

Harrah!! Da kommt Dein Brief! Na – weil Du nur
noch lebst u. tolle Pläne schmieden kannst! U. Ta-
schengeld hast Du ja jetzt auch vom gemütlichen Paul.
Kauf' nur ja keine Bücher drum! Nach Berlin zu fahren, würde ich Dir gerade nicht anempfehlen, des
Scandals halber u. der Hitze wegen.

[...]

Vorläufig schreibe ich jeden Tag einen Artikel. Das bringt Geld. Seit Du fort bist geht wenigstens das Schreiben wieder, wenn es auch sonst trostlos genug um mich aussieht.

Sag´ Herz – hast Du mich denn doch ein klein wenig lieb – in der Entfernung? Ich hab´ Dich so lieb – so unsagbar lieb. Hätt´ es nimmer geträumt.

Wann ich komme?

Sobald ich Dir gute Nachricht u. Geld bringen kann – sobald mein Werk hier vollbracht.

Schreib mir täglich ein paar Zeilen Liebster – *bitte* schön. Anbei eine Marke die ich noch fand.

In bester Treue
Deine alte
Frau.

Sellin, 26. Juni 1893

Liebe Frida,

Endlich in Rügen! Wo ich mich ins Meer gestürzt habe, kopfüber, um meine schwarzen Teufel zu ersäufen – aber nur mit halbem Erfolg.

Und heute abend, Sonntag 25. Juni, erhalte ich Deine Briefe, voller Liebe und Tränen für mich. Es zerreißt mir das Herz zu wissen, daß Du in Angst bleibst um mich alten Faulenzer, der ißt, schläft und herumspaziert – ohne Kraft, ernsthaft für den Lebensunterhalt zu arbeiten. Das ist es, was mich bedrückt: der Gedanke, daß ich mich überschätzt habe, als ich Dich ehelichte, und daß ich Dich in Not lassen werde ... früher oder später. Mir fehlt die Hoffnung, und eine schwere Trägheit schwebt über meiner Seele, die in Schlaf versinkt. Mag sein, daß ich verbraucht bin durch übermäßige Arbeit, Leid, Not. Meine Frühlingsliebe (zweiter Frühling! leider) hat mich für einen Augenblick aufgeweckt, aber die Vergangenheit läßt mir keine Ruhe und sät Zwietracht in mein Leben. Die Angst vor der Zukunft verfolgt mich, und ich habe nicht mehr die Kraft, die Hand nach den Früchten auszustrecken, die nach so vielen Jahren der Arbeit auf mich warten müssen.

Im Augenblick bin ich ganz von den Naturwissenschaften eingenommen, sodaß ich mich nicht mehr mit Literatur oder meinen Theaterangelegenheiten beschäftigen kann.

Hier ist alles ruhig, das Meer, der Wald, die Männer (und sogar die Frauen), nur ich nicht. Was machst Du? Was denkst Du? Wie geht es Dir? Frau Kainz ist kürzlich gestorben! Was für ein Unglück! Die Glückliche! Schleich ist wahnsinnig geworden! Erzählt mir Paul! Verrückt! Der Glückliche! Auf Wiedersehen! Wann!

Dein *August*

[Sellin, ca. 1. 7. 1893]

Liebes Kind!

Kein Brief in zwei Tagen! Fräulein Berthens spielt jetzt *Gläubiger* im Hoftheater Weimar! Was hat Colbronn Dir gesandt? Ich bitte dich dass Du Niemand von meinen Freunden zuschreibst – auf die Gefahr hin, alles zu verlieren. Es ist nicht angenehm für mich, Dich gezwungenermaßen zu widerrufen!
Was machst Du? Wie lebst Du?

August.

August,

Deine letzte Karte ist eine Schande. Ich habe gestern nicht darauf geantwortet und gehofft, daß heute ein Brief kommt. Es ist keiner hier, also spreche ich. – Ich habe Dir *jeden* Tag geschrieben. Wenn meine Briefe nicht zu Dir gelangen, ist das nicht mein Fehler.

Ich habe Deinen Freunden nur geschrieben, was für Dein Wohl *unbedingt notwendig* war. Damit Du es weißt.

Laß es mich postwendend wissen, ob Du – ja oder nein – ein Dementi verlangst für das, was ich, Deine Frau, tun mußte. Wenn Du diese Absicht hast, *schwöre* ich Dir, nie mehr *irgendeine* Deiner Angelegenheiten anzurühren, nicht mehr den Mund zu öffnen in Deiner Sache, wem gegenüber auch immer. Und wenn jetzt alles zusammenbricht, ich kann es nicht verhindern. Aber ich werde nicht dabei sein. Du wirst jetzt von mir das letzte Mal in Deinem Leben gehört haben.

Das ist der Augenblick, Dir die Wahrheit zu sagen.

Ich habe Dir alles gegeben: Herz, Seele und meine Arbeitskraft. Ich habe Dir meine Liebe gegeben und meine Ruhe. Ich hatte in einigen Sachen unrecht, das gebe ich zu, aber das war in nichts Wesentlichem. Du? Du hast mich behandelt wie ein Wesen, das extra dafür gemacht ist, Deine Launen zu ertragen. Du hast mich bis aufs Blut gequält. – Ich rede nicht von Kleinigkeiten. Ich war bereit, alles zu ertragen, schweigend zu ertragen, weil ich Dich liebte. Ich hätte von Deiner Seite nur ein kleines Fünkchen jener großen Liebe gebraucht, die Du mir geschworen hast, bevor ich mich mit Dir verlobt habe. Ein kleines Fünkchen, sage ich Dir, und ich hätte alles akzeptiert, denn ich hatte Hunger nach einer wahren Liebe, nach Deiner Liebe.

Du hast mir nichts davon gegeben. Die einzige Sache, die ich als Ersatz für alles verlangt habe, hast Du mir verweigert. Seit Du weg bist, nicht *ein Wort* der Liebe. Nein, ich bin nicht anspruchsvoll, affektiert. Karten ... ein paar konventionelle Zeilen! Oh, ich kann Deine Phrasen schon auswendig! Nicht einmal ein einziges „Ich küsse Dich" oder „Ich liebe Dich" oder „Ich denke an Dich"! Das sind Albernheiten, ja, aber ich bin bescheiden geworden. Das hätte mir genügt. Wenn man bedenkt, daß Deine Briefe vor nicht einmal 4 Monaten vor Liebe geglüht haben. Was habe ich denn seither so Schlechtes gemacht, daß ich diese Zuneigung verloren habe? – Ich habe Dich also nicht mehr geliebt. Ich liebe Dich jetzt, – jetzt, wo Du mich in den Schrank zum alten Krempel wirfst, den man nur gewohnheitsmäßig hervorholt oder wenn man ihn braucht. Deine Karten enthalten bittere Vorwürfe. – Du wirfst mir vor, das nicht zu machen, was ich ohnehin mache – und das zu machen, was ich überhaupt nicht mache. Und das alles habe ich nicht verdient, denn ich verbringe mein Leben damit, mir den Kopf für Dein Wohl zu zerbrechen, meine Energie für Dich zu verwenden, meine Zeit, meine Freunde, meine ganze Ruhe. Ich verstehe nur einen einzigen furchtbaren Vorwurf – den, daß ich Deine Frau bin. Na schön. Überlege ein für allemal: Liebst Du mich, oder nicht. Liebst Du mich noch – Du hast mich früher geliebt, oder war das Lüge? Dann hör auf, mich zu erniedrigen, denn ich kann nicht mehr. Aus Gnade, hab Mitleid. Ich bin nur eine Frau, und Du läßt mich leiden, wie noch nie ein menschliches Wesen gelitten hat.

Wenn *nein*, nein. Mein Gott, sag es nur. Ich werde mich nicht rächen. Ich werde aus der Rolle gefallen sein, zu der mich das Schicksal bestimmt zu haben schien. Sag es. Unsere Wege werden sich nicht mehr kreuzen. Wenn mir das das Herz bricht – mein Gott, es ist schon gebrochen. Aber wenn das so wie jetzt weitergeht, wird es mir bald gelingen, eine verbrauchte alte Frau zu sein. Diese Frauen sind zum Glück bald am Ende. Ich kann nicht mehr.

Wenn ich wüßte, daß Du mich liebst, würde ich Dir in die Hölle folgen. Ich bin Dir schon dorthin gefolgt. Wenn Du mich nicht liebst, brauche ich nur wegzugehen und wenigstens meiner Selbstachtung würdig zu bleiben. Ich habe *niemals* Liebe **vorgetäuscht** und werde es **niemals** machen.

[...]

Ich kehre jetzt zu meinem Vater nach Wien zurück,
und das sofort.

Wenn man ein Herz so zerreißt, wie Du meines,
reißt man dort auch jedes Gefühl heraus. Wenn mir
Dein Brief beweist, was ich glauben *muß* – daß Du
mich nicht liebst und mich nie geliebt hast –, schwöre
ich Dir, daß ich mir lieber eine Kugel in den Kopf jage,
als zu versuchen, noch einen Schritt zu Dir hin zu machen, der nur Gleichgültigkeit – wenn nicht Haß – für
mich übrig hat. Aber stolz wirst Du nicht sein können
auf Dein unwürdiges Werk.

Frida Uhl

Liebe Frida,

Du wunderst Dich, daß der Vogel nach der Hochzeit nicht mehr singt; Du hast unrecht, denn so ist das. Und wenn auch die Sonne für die anderen scheint, sehe ich nur einen bedeckten Himmel und ahne einen Blitz.

Die Lage ist so: Die Mutter meiner Kinder ist in Not und fordert für die Kleinen die 500 Mark, die ich ihnen schulde.

In Schweden hat ein Schundblatt die *Beichte* gestohlen und veröffentlicht sie in Schweden unter dem Vorwand, daß es deutsche Literatur ist. Das ganze Land windet sich vor Wut und Schande in Krämpfen – und das mit Recht! Von allen verflucht, kann ich Schweden auf Jahre hinaus nicht wiedersehen. Und mein Verleger in Stockholm hütet sich in bedrohlichem Schweigen!

Und ich habe nicht das Recht, Dich meine Frau zu nennen, wenn ich Dich verlasse und nicht ernähre, und wenn ich im Begriff bin, mich von Dir ernähren zu lassen.

Solange wir das Geld Deines Vaters ausgaben, habe ich mir keine Vorwürfe gemacht, denn es gehörte uns beiden. Aber danach?

Was für eine Lage für mich, nicht wahr?

Das ist genug, um betäubt zu bleiben! Du hast recht, mir bleiben nur Phrasen übrig, weil ich nicht mehr fühlen und denken kann. Und dennoch drohst Du mir, mich zu verlassen. Das ist die Höhe! Aber mich wundert nichts mehr, weil ich alles ertragen habe, was das Leben an Schmerzen zu bieten hat. (Wieder eine Phrase!)

Also warte ich ab und lebe bis zur nächsten Weisung des Schicksals.

Liebes, Liebes Thierchen!

Wie kannst Du mir so zuschreiben! So! Aber ich grolle nicht! Sei ruhig! Du hast ja all mein Elend auf dich genommen!

Aber Du giebst mir Angst, so dass ich Dir nicht mehr schreiben kann ohne zu denken dass Du es als Phrase findest! Du hast mich bewusst gemacht, und deine Angst dass ich dich nicht mehr liebe giebt mir den Argwohn dass du bist fertig mit mir. Was ist geschehen?

Frida! Das geht nich so von einander zu leben! Alles ist ja durch einander gekommen. Du schimpfst mich wegen unschuldiger Vernachlässigung in Briefschreiberei und ich dich. Und Niemand hat Schuld.

Ich habe Dir nicht so viel geschrieben weil ich dich nicht mit meine Sorgen drücken wollte. Was hast Du nemlich mit meinen Kindern u.s.w.

Komme hieher und sehe ob ich dich recht lieb habe, was sich nicht leicht sagen lässt!

Ich liebe dich, je t´aime, das sind Phrasen, aber einander zu lieben – das ist was! Du Schäfle!

A.

Sellin Rügen? [ca. 8.] Juli 1893

Armes theures Kind,

Was hast Du Angst? Weisst Du nicht dass wenn ich liebe lasse ich mich malträtiren mit Vergnügen und dass mein Geduld kein Ende hat. Ob Du Nerven hast verwundert es mich nicht, in dieser höllischen Hitze, Aber wenn du nicht sofort Mizi zuschreibst und Geld verlangst so schreibe ich.

Du muss hieher kommen um meinen Muth zu stärken. Ich bin so gelähmt dass ich keinen Brief mehr schreiben kann und ohne Brief kein Geld.

Ich war heute so herunter dass ich den Gedanken bekam mich auf Gnade und Gnade nach Wien zu fahren, alle Sünden bekennen und so dich hohlen lassen!

Du muss kommen!

[…]

Warum willst Du nicht von deiner Schwester leihen, ob Du wirklich glaubst an meinen künftigen Kapitalbildungsvermögen!

Was sagst Du von Mondsee?

Jetzt hasse ich Rügen weil ich hier so viel gelitten habe!

[…]

Adieu, auf bald!
August.

[London, 11. 7. 1893]

Sehr geliebter August,

Ich erhalte eben Deinen Brief und Deine Karte. Danke, zweimal danke! Aber ich bitte Dich inständig, mein gutes Schaf, sei einmal in Deinem Leben vernünftig und verliere nicht alles, indem Du Deinen Kopf verlierst. Was willst Du um Himmels willen von meiner Familie. Mein Vater ist nicht reich. Er tut, was er kann und mehr. Du bringst ihn zur Verzweiflung, wenn Du ihm von unserer Lage erzählst und Dir zu allem Überfluß auch noch vor seinen Augen Schaden zufügst. Im übrigen, mein Freund, ist es nicht nötig. In 3 oder 4 Wochen werden wir das Nötige haben. Diese 3 Wochen werden nicht angenehm zu verbringen sein, aber ich habe lieber kaputte Nerven als *Schande*, die mir irgendeine Anleihe in diesem Moment verursachen würde. Meine Schwester hat kein Geld für sich. Im übrigen, wenn ich Dich geheiratet habe, dann wohl um zu teilen; wenn es nötig ist, Dein Unglück mit Dir. Aber nicht, um von anderen Geld zu erbitten, das wir nicht *sicher* zurückgeben können. Ich akzeptiere *alles*, außer Schande für Dich und mich. Und *das wäre* eine Schande, glaub es mir.

[...]

Was die *Thorenbeichte* betrifft, ist ärgerlich, aber war vorauszusehen; das muß durchgestanden werden. Als Du selbst das Buch in Norwegen veröffentlichen wolltest, habe ich Dich beschworen, es nicht zu tun. Du hast mir dann vorgeworfen, zu Deinen Feinden zu gehören. Und ich war Dein aufrichtiger Freund, wie ich es jetzt bin, wenn ich Dir sage: Laß sie wüten. Das wird bald vorbei sein, und inzwischen mache ich Dir eine neue Heimat.

Ja, mein Freund, ich bin entschlossen, mit Dir nach Mondsee zu gehen. Papa bleibt bis September dort, wir treffen uns in Berlin. Aber ich muß Dir etwas sagen: *Ich werde den Winter nicht in Berlin verbringen.* Geh Du die Zeit hin, die Du dort sein mußt – ein Monat oder mehr. *Ich werde meinen Fuß nicht dorthin setzen* in der Jahreszeit. Das ist meine endgültige Entscheidung. Ich möchte in Mondsee bleiben und mit Dir arbeiten, denn wir können dort von dem leben, was wir haben – in Ehren, ohne Schulden zu machen. Du wirst dort Ruhe und Frieden haben, und das ist schön, sehr schön. Du wirst Bücher haben. Wenn Du mich liebst, wie ich Dich, wirst Du die Ruhe aushalten können. Wenn nicht – Wien ist nahe.

Die Zeit drängt. Ich muß aufhören. Ich küsse Dich, mein Schmerzenskind, tausend tausend Mal, als Mutter – nicht wirklich

Frida.

Mein geliebter Dachs,

Tausend Dank für Deine schwedische Karte, die ich
unglücklicher Weise trotz Dictionnaire nur unvoll-
kommen verstanden habe. Das Einzige, das mir daraus
klar wurde, ist, daß Du, mein gutes armes Thier wieder einmal recht trübsinnig bist. Und dem, mein Herz
muß nun ein Ende gemacht werden. –
August ich habe Dich von Herzen lieb – laß uns
drum als Freunde reden. Was Du brauchst ist Ruhe,
eine schöne Umgebung u. Menschen, die Dich lieb
haben. Zudem brauchst Du den Glauben an eine gesi-
cherte Zukunft. Diese Zukunft zu sichern soll meine
Aufgabe sein – denn das ist die Hauptsache.
Du hast es selbst gesagt, daß Dir Liebe in Armut
nicht helfen kann.
August – Hier ist die Möglichkeit zu verdienen,
Geld zu machen. Ich bleibe hier – ich muß – um Dei-
netwillen. Und Du mein armes Lieb, Du must jetzt in
Ruhe kommen. Höre, folge meinem Rat – Du hast die
Wahl: komme zu mir hieher, wenn Du glaubst es ertragen zu können. Wir wollen ganz am Lande wohnen
u. ich will *Alles* thun um Dich zufrieden zu machen.
Kannst Du Dich wirklich nicht mit England aussöh-
nen, so reise nach *Mondsee.* Meine Mutter schrieb mir

heute. Sie u. mein Vater *schwärmen* von Dir. Mizi ist auch da. Sie würden Alles für Dich thun – Du hättest schöne Zimmer, gute Küche, Seebad, Berge, Liebe, Verkehr, denn mein Vater ist geistig bedeutend, Blumen, Fischfang. Du könntest den Sommer dort verbringen. Im Herbst wären wir wiederum beisammen, Du wärest versorgt u. ruhig. Vater hat gute Weine u. Schnaps u. Cigarren. Feldmann ist jetzt bei ihnen. Dann kommt Burckhard – Du hättest immer Verkehr also u. Zerstreuung.

August – es thut mir ja so weh, von Dir ferne sein zu müßen aber es *muß* sein. Deine Zukunft hängt ab davon u. die Deiner Kinder! – Die Wolken werden immer dichter. Es muß etwas geschehen um uns die Existenz zu sichern. August – wenn Du mich lieb hast, so kommst Du hierher. Nun hast Du Deine Freunde, Breakstatt, Ålberg, Brendberg, Mac Carthy, Archer. Wir leben am Lande – ganz im Wald.

August ich sehne mich nach Dir! Ich hab´ so Angst um Dich, Du mein großes, armes, trauriges dummes liebes Genieschaf – Du.

Siehst Du, Herz – die Gegenwart ist ja nicht so schrecklich – nur die Vergangenheit lastet auf Dir. Und wir wollen sie schon töten mit der Zeit. Geduld, Liebes – nur bis zum Herbst. Wenn dann die Tausende in Deine Tasche kommen, dann wirst Du die Welt durch andre Brillen sehen, Liebster.

Ich mußte heute *Meister Olaf, Anna Fyrtiåtta,* u. den *Fredlose* als Opfer auserlesen u. dem bibliographischen Bureau senden – denn bis jetzt keine Hoffnung auf dem gewünschten Wege das Geld zu erlangen für Deine Kinder u. Reise. Den drei Stücken schadet es nicht, wenn sie gedruckt werden, im Gegenteil.

Lieber August! Mut, Mut! Es wird Alles gut.

Bitte Herz, schreib´ mir ob Du Dich für Mondsee oder England entschloßen hast, damit ich für Deine Ankunft Vorbereitungen treffe. In Mondsee bist Du jeden Tag willkommen.

Mit 1000 Küssen Deine

Frida

Sellin, 22 Juli 1893.

Lieber Liebling,

Ich lese deinen letzten schönen Brief immer und immer. Du bist traurig Liebes Kind, Du auch. Und jetzt da ich keine Möglichkeit finde Dich zu sehen, bin ich verzweifelt.

Du liebst mich, glaube ich, und ich Dich, und so sind wir getrennt.

Du glaubst dass ich nach Mondsee allein gehen will! Nein! Ich will nur sein wo Du bist aber nicht in Fairmantel House.

Habe mich immer so lieb, und ich will versuchen zu leben –

August

Sellin, Rügen 25 Juli 1893.

Böses, Böses Thier,
Böses Schaf,

Wenn ich nicht bös werde so wirdst Du bös, wenn ich bös werde so wirdst Du bös. Da Du um Verzeihung bittest und ich verzeihe, so wirdst Du wüthend. Gestern hatte ich nicht Lust Dich zu verzeihen, aber da Du heute so lieb bat, so konte ich nichts Anders, und so bist Du wohl bös vom Neuen.

Ach ja, wenn ich auch Geld bekomme, kann ich auch reisen? Ich bin so nervenkrank dass ich kaum in Bewegung kommen kann. Deswegen bat ich Dich hieher zu kommen. Ich habe Angst vor Allem und Allen. Die lange Reise scheint mir so unendlich lang; und so bleibe ich wohl sitzen irgendwo aus Mangel von Geld.

[...]

Liebe Frida! Schreibe nicht mehr solche Briefe. Es kann sein dass ich Dir einmal antworte, und das kann ich, aber da sind wir ewig entzwei.

Fürchte den Skandal, denn der Skandal tötet wie der Blitz.

Sind das Ausbrüche des Liebeshasses oder der Liebe, die begehrt, die Dich so rasend machen?

Es scheint mir bald ratsam, daß die Freunde in Mondsee zwei Rettungsexpeditionen aussenden, eine nach London, eine nach Rügen.

Ich fürchte mich vor mir selber. Ich glaube, ich gehe langsam zugrunde, und die Hoffnung, Dich noch einmal zu umarmen, schwindet.

Ich bin wirklich ein Kranker, ein Gelähmter. Alles um mich herum stürzt zusammen und ich rühre mich nicht mehr!

Lebe wohl, liebes Kind, und sei nie mehr bös auf

Deinen *Dachs!*

Lieber August,

Als mir Papa heute meine 240 M. geschickt hat, habe ich Dir telegrafiert, wieviel Du in Sellin schuldig bist, und ich habe sofort ein Billet genommen, um es Dir zu schicken. Dann war ich auf dem Land, 5 Stunden, ein Häuschen suchen für Deine Rückkehr. Wieder daheim, habe ich Deine Depesche gefunden. Du hast Dich also entschieden.

Nun, viel Glück! Mondsee wird Dir gefallen, das beruhigt mich. August, indem Du da hinunter fährst und mich hier allein läßt – allein im Unglück, unter Fremden –, hast Du mir Dein Herz enthüllt – mehr als Du es in Jahren machen hättest können. Ich grolle Dir nicht. Die Liebe läßt sich nicht erwerben, sie ist angeboren. Das ist nicht Dein Fehler. – Ich bitte Dich nur eines: Laß es mich nicht bereuen, daß ich Dir den Weg zu meinen Eltern eröffnet habe. Ich *verbiete* Dir, in Mondsee um Geld für mich zu bitten oder von unserer finanziellen Situation zu sprechen. Hüte Dich, Papa zu viel von der *Art und Weise* unseres Kennenlernens in Berlin zu erzählen, ebenso von meiner Person überhaupt. Ich habe ein *Recht*, das von Dir zu verlangen, denn für Dich habe ich mich geschunden, zugrunde gerichtet, um alles gebracht. Ich bitte Dich dafür nur um Schweigen. Und noch viel mehr für Dich als für mich.

– Ich werde wahrscheinlich ab morgen in meinem Konvent leben, denn ich halte es nicht länger aus, die gleiche Luft zu atmen wie eine Prostituierte und ein Dieb.

Ich werde Dich unsere neue Adresse wissen lassen. Sei glücklich in Mondsee, ich wünsche es Dir von ganzem Herzen.

Frida.

III.

MONDSEE – LONDON

1893

Liebes, böses Thierchen,

So sitze ich hier in deinem Zimmer, und schaue das Schafberg an, aber mein Schaf ist nicht da. Frida, Du hast gelitten so, dass Du in Selbstquälereimanie gerathen bist, und wenn Du dich gequälst, wirdst Du bitter und will Andere auch quälen.

Aber thue das nicht! Ich kann alles vetragen von Dir, aber Andere sind nicht so, die besonders die Dich nicht so lieb haben wie ich. Und Du handelst in Zorn, dass Du [Schande] irreparabel machen kannst.

Du fürchtest Dich [nach] Mondsee zu gehen, weil Du [hier Kind] bist, und Angst hast als Kind behandelt zu werden. Aber glaubst Du nicht dass meine Anwesenheit und deine neue Eigenschaft als junge Frau deine Stellung verändern kann. Deine Mutter ist mir so lieb, und ich glaube dass Sie meinetwegen Dich nicht mehr als „Fratz" behandeln will. Mizi ist nicht mehr hier und kann Dich nicht als ältere Schwester drücken.

Frida lass´ Dir das sagen: Du tadelst mich dass ich hieher gereist bin und nicht nach England. Aber ich habe instinktiv im letzten Augenblick gehandelt, und recht. Denn es war höchste Zeit dass ich hieher gekommen bin. Wolken hatten sich gesammelt Mizi glaubte dass wir ent[zweit] waren, und der Vater fing an unruhig zu werden.

Meine Anwesenheit hat die Situation gerettet, aber es mangelt nur an deiner Ankunft um alles, besonders meine Stellung klar zu machen.

Wenn Du in London für die Herbstsaison zu thun hast, so ist es besser dass Du jetzt Urlaub nimmst.

Nanu! Jetzt ist der Vater gekommen! Aber! Er ist ja ein junger, schöner, braver Kerl, der Dir so ähnlich ist, und wahrscheinlich nicht bös gegen Uns sein will. Er hat mich geküsst und ich habe mich als Kind von Neuem empfunden. Bin ich zum Kind geboren für das Leben?

Und Er war so freundlich dass all meine Angst ist verschwunden! Und die Mutter scheint mich zu lieben so dass ich mich als ein alter Sünder empfunden habe!

Frida, Frida, komm nur und ich glaube alles gut werden soll! Komm

zu Deinem glücklichen
Dachs.

[London, ca. 30.7. 1893]

[...]

– Ich habe also nichts im Augenblick, nichts als fast
300 M. Schulden. Aber ich werde sie zahlen können –
Ende August, weil ich dann 600 M. von Kürschner
für *Notre coeur* haben werde. August, wenn Du jetzt
kommen würdest, hätten wir *nichts* zum Leben. Wir
könnten nicht auf dem Land leben, denn ich könnte
„Fairmantle House" nur um den Preis von 300 M. verlassen. Sobald ich sie habe, lebe ich bei meinen Schwestern bis zu Deiner Rückkehr im September.

August, lieber August: Mut, ich flehe Dich an. Mein
Freund, ich würde den ganzen Tag weinen, wenn ich
noch Tränen hätte. Ich habe keine mehr. Mut also, tun
wir unsere Pflicht. Ich muß bleiben, ich werde bleiben.
Du könntest nirgendwo besser hingehen, nirgendwo
besser als zu meinen Eltern; also geh dorthin, ich bitte
Dich darum!!

Ich sehe kein anderes Mittel, da herauszukommen.
Außerdem wird Dir Papa mit seinem Rat und Einfluß
für Deutschland helfen und Miz wird Deine Korrespondenz machen. Mama wird Dich mögen. Feldmann ist bei ihnen und ihr werdet gute Freunde sein.
Vielleicht kommt auch Burckhard dorthin und Mamroth und alle die Leute, die Dir hilfreich sein können.

Und diese Wochen werden schnell vergehen. Der Anblick der Alpen wird Dir guttun. Du wirst unseren großen schönen See zum Baden haben – grüß ihn von mir. Es ist so schön jetzt in Mondsee! Geh, mein Dachs, das ist die einzige Möglichkeit, uns zu retten.

– August, wir lieben uns. Ich glaube jetzt daran. Diese Liebe wird die 4 Wochen besiegen, die Dir übrigens schnell vergehen werden, Dir angenehm und nützlich sein werden. August, Du hast sehr recht in vielen Dingen, die Du in Deinem Brief sagst. Ich habe ihn geküßt, so wie ich Dich küssen möchte – wie ich Dich küssen werde, wenn wir uns wiedersehen werden in 4 Wochen, als Sieger über das Schicksal,

Frida

Geliebter August,

Ich glaube, ich bin eine sehr abscheuliche Frau, weil ich Dich jedesmal, wenn ich schreibe, schimpfe. Aber stell Dir mein Entsetzen vor, als mir ein Berliner Freund von Deinem Prozeß mit Bartenius und der Bewegung in Schweden geschrieben hat. August, ist das wahr? Und wenn es wahr ist, warum verschweigst Du es mir? Bin ich nicht Deine Freundin, habe ich nicht ein *Recht* darauf, alles, was Dich betrifft, zu wissen? Ist es, um mich zu schonen, daß Du schweigst? Dann liegst Du falsch, sehr falsch, denn Du mußt wissen, daß mir nichts so widerlich ist als das Wissen, daß zwischen uns eine unüberwindliche Hürde von Heimlichtuerei und Lüge ist.

Aber wenn es nicht zu spät ist, laß Dich beschwören: Beginn diesen Prozeß nicht, das *legale* Recht ist gegen Dich. Die in Schweden gedruckten Bücher sind in Deutschland *frei*, die in Deutschland publizierten in Schweden. Wenn Dich dieser Mensch bestohlen hat, ist das eine Frage der Ehre, nicht des Rechts. Du kannst ihn also erfolgreich in den Zeitungen verfolgen, indem Du Dich an die öffentliche Meinung richtest, nicht an das Bürgerliche Gesetzbuch.

August, ich bitte Dich – um Deiner Liebe zu Dir

selbst und zu Deinen Kindern willen: Laß die Angelegenheit, wenn es noch möglich ist; – rühre nicht mehr an diese blutende Wunde einer ganzen Familie, die Dich Dein Letztes kosten kann.

August, je mehr diese Angelegenheit einschlafen kann, umso besser für Deine Kinder. Es ist für sie, daß ich Dich darum bitte. Das wird sie eines Tages rot werden lassen, wenn sie von der Schmach ihrer Mutter in aller Munde wissen. August – ach, ich weiß nicht, wie ich es Dir sagen soll! Nach allem bist Du allein für mich wichtig. Geh, hab Vertrauen zu meinem Vater und erzähl ihm den Vorfall. Vielleicht kann er Dir helfen. Mein Freund, wenn in diesem Augenblick ein solches Aufsehen herrscht, war es falsch von Dir, mir das zu verbergen. Denn jetzt ist mein Platz ganz bei Dir – wenn wir nicht die Welt glauben machen wollen, daß alles zwischen uns aus ist. Keine Frau verläßt ihren Mann in einer solchen Situation.

Also, noch einmal: Es war falsch von Dir, nach Mondsee zu gehen. Dein Platz wäre an meiner Seite. Im September hoffe ich, das Geld von Kürschner zu haben. Die Übersetzung kostet mich 1200 Francs. Aber ich werde das Dreifache herausholen können. Also, wenn Du nicht kommst, werde ich zu Dir gehen – vorausgesetzt, daß Du mich noch willst.

Inzwischen Mut, mein Freund. Wie immer das ausgeht – wir werden zusammenhalten, wir zwei.

97   BRIEF 36

Morgen gehe ich für einige Tage zu meinen Schwestern. Aber wahrscheinlich bin ich schon wieder zurück, wenn Du diesen Brief hast.

[...]

Von wem hattest Du das Geld, wegzufahren?? – Das würde mich interessieren.

Was ist aus *Schlüssel des Himmelreichs* geworden? Helf Dir Gott, aber Dein geschäftliches Schweigen könnte auch eine noch Geduldigere als mich in Wut bringen, mein liebes Schaf. Schließlich ... bist auch Du mein Freund.

Wie gefällt es Dir in Mondsee?

Die Blumen müssen schön sein, mit der ganzen Sonne in ihrem Kelch. Es scheint mir so lange, daß ich das eine oder andere gesehen habe.

Umarme jeden. Glaubst Du, daß Du eines Tages ihr Freund werden kannst? Hast Du Papa schon gesehen? Macht er einen guten Eindruck? Ist er noch sehr böse? Und Mama – verstehst Du, was sie sagt? Und die Schwägerin? Und mein Neffe? Und der gute alte Feldmann, mein liebster Freund?

[Mondsee, ca. 2. 8. 1893]

NB! Depesche.

Liebe Frida,

Soeben deinen Brief erhalten. Deine Freunde in Berlin geben mir keine Rath. Habe selbst bis jetzt meine Prozesse geführt.

Was ist mit Kürschner? Verstehe keine Spur.

Du schreibst mir zu, so dass ich Hysterie bekommen kann. „Heimlichtuerei und Lügen".

Und ich habe keine Ahnung von was Du mit mir unternimmst. Es steht im Magazin dass ich Verleger in London gefunden. Und ich weiss nichts. Und Kürschner was ist das? (Ich habe den Process gemacht um die Scandale zu verhindern, und Du machts mir Vorwürfe! Kann ich toll werden? Du ermahnst mich nach Mondsee zu gehen. Ich gehe, und Du schimpfst wenn ich gehorche!

Du schreibst deiner Mutter dass Du ins Kloster gehe, weil ich dich allein lasse!

Kann ich toll werden?

Dein *August.*

Lieber August,

Danke für Deine Briefe. Ohne ins Detail zu gehen, kann ich Dir sagen, daß es dort nichts Beunruhigendes gibt. Du bist willkommen bei meinen Eltern.

Kürschner, der Verleger, betrifft nicht *Dich*; er verkauft *mir* eine Übersetzung aus dem Französischen.

Ich halte Dich auf dem laufenden über alles, was ich mache. Das Magazin hat vielleicht Reklame gemacht, was weiß ich. Wenn ich einen Verleger finde, mußt Du den Vertrag unterzeichnen. *Meine Unterschrift* ist nicht gültig *vor dem Gesetz* ohne Deine beglaubigte Ermächtigung. Verstehst Du?

Dein Prozeß ist eine Dummheit, weil er den Skandal nur vergrößert. Und womit ihn bezahlen? Du hast *das Gesetz gegen Dich.* Zieh ihn zurück, wenn es möglich ist; er wird Dich nur zugrunde richten. Anbei Dein Ehering und ein Louisdor, im Brot versteckt. Schau genau.

Deine Geschäftssachen gehen heute nach Mondsee ab. Ich behalte nur, was Du im Augenblick nicht brauchst.

Anbei der Vertrag von Burckhard, den Du unterzeichnen und nach Wien, 1. Frankgasse I. schicken mußt. Papa wird Dir das sagen.

Ich bin dabei, mit dem biblio. Bureau wegen zweier Stücke abzuschließen. Der Vertrag wird Dir ebenso zugeschickt werden wie das Geld.

Ich hoffe, daß Dir Mondsee gefallen wird und daß es Dir dort gut gehen wird.

Umarme alle von mir.

Deine aufrichtige

F.

Mondsee, 3 Augusti 1893.

Frida, Frida,

Du hast ja deinen Verwandten hier Alles von deinem Theater erzählt, und mehr als ich wusste, und so wusste der Vater alles. Unglücklicherweise hattest Du mir sagt Opera Comique wäre zu miethen. So sagt der Vater dass es kein Opera Comique in London gibt, und so glaubt er alles Schwindel zu sein. Und so hat Er mir befohlen dich sofort hieher beten, sonst will er selbst. Kein Mensch hier traut deinem Theater und mann ist in Angst für Dich. Und ich, was soll ich denken?

Du ist so und so behandelt worden von M. Grein; deshalb ist er mein Feind, mehr als Feind, und mit dem Mann willst Du zusammen arbeiten und als Freund behandeln. Was will Er von Dir glauben, und von mir?

Deine Ehre – Du hast ja die Frauenehre – ist ja kompromittirt!

Du musst auch was von diese Geschichte der Mizi erzählt haben, weil sie erstaunte da sie erfuhr dass Du noch in dem Hause wohnte!

Und was hat Mizi mir gesagt? „Du lässt deine junge Frau unter fremden Leuten die zweifelhaft sind." etc.

Du schreibst in Zorn deinen Verwandten solcherweise dass Sie glauben dass ich Dich in Bösem Wille verlassen habe. Mizi hat es offen zugestanden dass Sie es glaubte.

Du schreibst Deiner Mutter dass Du ins Kloster gehen willst, und so bittest Du mir nichts zu erzählen.

Frida, mann glaubt dass Du nicht recht klug bist, und Du wirdst abgeholt, wenn Du nicht sofort gekündigest deine Ankunft hieher.

Kannst Du nicht noch einmal wenn Du brauchst, von Mutter Porgis leihen. Ich bezahle es zurück sofort, denn ich warte jetzt von Finland, Schweden, Norwegen Geld.

Der Vater ist noch nicht bös, aber er kann werden, und auf seine Frage „Wo ist denn meine Tochter?" habe ich nichts zu antworten.

Lass deine fixe Ideen von Reichtümer in einem Jahre! Lass Hoppe das Theater gründen, es steht uns wohl immer offen.

Der Vater sagt „Befiehl deiner Frau, hierher zu kommen", Ich habe ihm geantwortet: ich befehle meiner Frau nicht! – Und er: Dann werde ich es machen!

Du sitzt in der Hölle, aber warum? Komme hieher; hier ist weder Himmel noch Paradies, aber die alte gute grüne Erde wo die Sonne scheint zwischen Regenwolken.

Lass nicht mehr den Vater bös werden! Verstehst Du wie es mich plagt, Dich, meine Frau, als ein Kind behandelt zu sehen. Da bin ich in dem Augenblick auch ein Kind!

Und so lässt Du mich in der Hölle sitzen wo Du es so gut machen könntest!

Nichts geschäftliches

Liebes Schaf!

Und so habe ich Forellen mit Vater gefangen und deine alte Kätzchen getragen. Und Vater sagte dass ich nicht so grosses Schäfle war wie Du, denn Du hattest immer ein Roman mitgebracht, und das hatte ich nicht, nur eine Tabakspfeife mit K.K. Oesterreichische Reichstabak.

Und so habe ich in deinem Badhaus gebadet und in deinem See geschwommen, und das Schafberg, (ohne Schaf) von unten angeschaut.

Aber der Vater sagt auch so: dass Du hast Dir einen Namen in Wien erworben als Schriftstellerin; dass deine Artikel sehr gut sind, dass Deine Stil vollendet ist und dass Du schon Persönliche Stil besitzt, dass Du eine geistreiche Eselin ist, aber dass Alles schliesslich gut werden soll.

Vater und ich sind sehr gute Freunde; er ist ganz jung, weiss angezogen und geht eine halbe Meile ohne

Anstrengung. Er ist also gar keinen Greis wie Du ihn geschildert. Er ist mürrisch wie ein Ehemann ansteht, aber lieb, und Caesar und ich rivalisiren um seine Liebkosungen.

Schweitzer hat mich schon einmal gebissen, aber beisst nicht mehr. Die Alte in der Unterirdische Küche ist mir vorgestellt und ich habe Ihr von Frida gegrüsst. Sie schien mich zuerst mich zu hassen weil ich Dich verführt (obschon gezetslich!) hatte. Aber beisst nicht mehr.

In Mutter bin ich verliebt, und Sie giebt mir ausser ihr liebendes Herz, so viel zu essen dass ich Angst habe zu stark zu werden und antworte immer: Frida mag das nicht!

Aber das thut mir so unsagbar Leid dass Sie, ja Sie Alle, nicht gegen Mutter lieb sind. Ich als Fremde kann Ihre religiöse Anschauungen vertragen ungeachtet ich offen zugebe dass ich Sie nicht theile. Aber diese feine zartfühlende Frau durfte man nicht so vernachlässigen und – kränken. Ich bin zum Weinen oftmal versucht wenn ich das höre, aber ich weiss dass man in Familien nur durch schlechte Gewohnheiten so leicht einander verletzt. Und ich habe auch beobachtet wie Du auch getreten ist nur durch böse Gewohnheit. Und ich habe Mutter offen gesagt dass Sie sich sich auf Dich geirrt. Es ist auch möglich dass ich nicht so guter Freund mit Mizi werden will, wenn Sie nicht sein ausseres Beneh-

men gegen Dich ändert. – Ihr Inneres – kennst Du
und schätzt so gut wie ich!

So hast Du die ganze Mondsee gesehen durch meine
Augen!

Und schliesslich! Ich bewundere deine grosse Eigen-
schaften, ich liebe Dich Seele und Nicht-Seele, aber
sei nicht nur geistreich, sei auch vernünftig, und ver-
schwende nicht unsere schön angefangene (trotz allem)
Zukunft, durch Starrkrampf deines Willens

Lebe wohl liebe, und sei bald bei uns.

Dein

August.

Weisst Du, dass ich und Du porträttirt sind schon
im Juni, Du wunderschön mit ausgeschlagenes Haar.

[London, 4. 8. 1893]

Mein lieber August,

Danke für Deinen guten Brief von heute, der mir
die große Gewißheit gegeben hat, daß ich Dich in
Mondsee – wie erhofft – glücklich weiß. Das wird Dir
in jeder Hinsicht guttun. Was mich betrifft, ich erfreue
mich an Ihrer Freude, ohne zu hoffen, sie zu teilen.
Die Reise würde fast 150 Mark kosten, die verloren
wären. Im übrigen arbeite ich gerade und wäre eine
schlechte Gefährtin. Wir werden Ende September
sehen, wo wir uns treffen. Heinemann wird sich an die
Spitze des Strindberg-Zyklus setzen, der jedoch erst im
Jänner stattfinden wird; das Parlament entleert die
Stadt bis dorthin.

Anbei ein Brief von Bloch. Wenn er die Stücke an-
nimmt, kannst Du ihn um einen Vorschuß bitten.
Wenn Du jedoch im Augenblick keinen brauchst, laß
es. Das macht besseren Eindruck.

Ganz die Deine

Frida.

Ich würde Dir sehr dankbar sein, wenn Du mich
wissen lassen könntest, ob Du Ring und Geld erhalten
hast.

Mondsee ? [ca. 4.] Augusti 1893.

Lieber Igel,

Du stichst wenn ich Dich liebkose, und Du weinst nachdem Du gestochen hast. Da Du so bestimmt behauptet dass Du nicht hieher kommst, so habe ich nichts Weiteres hier zu thun, und ich gehe sobald ich kann. Wohin? Nach England wenn ich sicher wäre dass Du mich behalten willst was ich doch oft bezweifeln muss am meisten da Du meine Liebe bezweifelst! Anderswohin – in die oede Welt wo ich überall der Fremde bin?

Ich frage mich jeden Augenblick: Was habe ich hier im Hause zu thun? Ein Eindringling, bin ich, das kann nicht die Liebe deiner Eltern mir verhehlen, und was glaubst Du dein Vater und deine Mutter sagen müssen da „die Leute" fragen wo die Tochter ist?

(Fortsetzung 3 Stunden später)

Wir haben über Dich beim Abendbrot gesprochen; und die Mutter hat deine Schönheit und Lieblichkeit in deiner Jugend besprochen; und die Vater ist mitgezogen, und so sind wir Alle drei in die Oberstube gegangen um Dich im Bad anzusehen, Mutter mit der Lanterne und ich mit der Lampe. (Jetzt sagst Du wohl dass ich Dich als Prostituierte behandele!)

Vater hat heute Abend mir gesagt: Du bist hieher willkommen als meine Frau, und Du hast nur Dich als solche zu betrachten. Er sagte auch: August, sie ist deine Frau, und fürchte nicht dass ich Frida als meine Tochter (d.h. als Kind), behandeln sollte.

Hier, Du, ist alles so harmonisch, und Du willst sehen dass Du eine ganz andere Stellung in der Familie jetzt nimmt ein. Es scheint mir als sollte Dir das Alles freuen zu sehen wie Du zu Freiheit und Selbständigkeit gewachsen bist. Gelt?

Ich habe von Dir geträumt heute Nacht, dass Du kam, aber Du hattest eine schwarze Maske vor dem Gesicht. Ich wollte dich umarmen, und so bist Du verschwunden!

Vater scheint mehr zu wissen als Du glauben kannst. Er hat mir gefragt ob Du allein ins Theater ginge; mit wem; ob die Frau anständig war. Er wußte auch dass Grein ein Schuft war. Und Mizi schien mir noch mehr von Grein zu wissen. Also hier war nichts für mich zu plaudern.

Jetzt verlangt Vater: *Ritter Bengts Gattin* und *Glücks-Peters Reise*. Heute schreiben wir Blumenthal und Lautenburg zu!

Lebe wohl! Dein *August.*

P.S. Du hast in einem früheren Brief mir gesagt dass Du in Zorn mich geschädigt hätte. Wodurch?

Liebe Frida,

Ein kluges Wort mitten in diesen tollen Geschichten!

Hast Du ein Manuscript von *Schlüssel des Himmelreichs* und Vater macht sofort ein Pantomimballett unter dem Namen *Doktor Eisenbart* welches sogleich im Opernhaus (Wien) gespielt wird. Aber St. Peter muss weg, und Doktor Allwissend wird der Führer allein zum Himmelreich. Das war das!

Nachher! Keine Korrespondens mehr mit Herrn Paul. Ich will Dir mündlich später sagen warum. Der Zwerg ist der natürliche Feind des Hobergs-Riesen! Genug!

Weiter: muss ich wissen inwifern Du mich in Zorn „als mein Feind aufgetreten hat", dass ich leichter Alles wieder in Ordnung bringen kann.

Und Du muss wissen dass Mizi glaubt dass Du in Schwangerschaft bist; und dass man hier meint dass was Mystisches unter deinem Aufenthalt in London versteckt ist! Wenn so wäre, warum mir das verhehlen? Vier oder fünf Monate kann man nicht so leicht unterscheiden.

Mit *Geheimniss der Gilde* findet der Vater noch nicht was abgemacht. Burkhardt hat Ihm nichts Bestimmtes gesagt. Vater hat es gelesen und glaubt es gehe fünf mal.

[...]

Vater will auch lesen *Ritter Bengts Gattin* um sie in Nothfall gegen *Geheimniss* auszutauschen.

Verstehst Du wie nothwendig deine Anwesenheit hier ist, und wie wir nur von Mondsee aus, als Operationsbasis arbeiten können.

Deine Abwesenheit giebt jetzmehr Spielraum für alle Arten von Phantasien und ich bin stumm geworden – weil ich nichts mehr zu antworten habe.

Was sagst Du jetzt Selber, da Du die Stellung hier kennen gelernt?

Dein
August.

P.S. Du findest Phrasen in meinen Briefen, aber denke Dir eine Fremde Sprache ohne Wörterbuch zu schreiben!

Dass ich nicht meine Verpflichtungen gegen den Kindern füllen konnte, war ja meine grosse Schande aber warum diese offentlich machen? So grausam!

Mondsee 5 August 1893.

Liebe Frida,

Ich habe soeben deinen Brief an die Mutter gelesen. So was infames schreibt nur eine boshafte Person. Du sendest mich nach Rügen, nach Mondsee, und so sagst Du dass ich Dich verlassen habe. Alle deine Mütterliche Umsorgen sind ebenso boshaft, und dass Du mich an deinen Eltern als einen Bettler überlassest, hat mir den Entschluss gegeben wie folgt.

Wenn Du nicht hier in acht Tagen bist, so gehe ich nach Berlin um in Humboldt-Akademie Vorlesungen zu halten und eine Stellung da zu suchen.

Kommst Du nicht dahin in vierzehn Tagen, so suche ich Ehescheidung. Was Du für mich gethan hast, habe ich Dich nur meiner Liebe wegen thun lassen.

Jetzt lasse ich Dich das nicht mehr thun, sondern ich habe selbst meine Angelegenheiten in meinen Händen genommen.

Ich liebe Dich fortwährend, aber ich glaube dass Deine Liebe zu Ende ist, und deswegen gehe ich weiter!

Folgst Du mich, gut!

Folgst Du mich nicht, so gehe ich allein!

Das ist was ich Dir zu sagen habe heute.

August.

Mondsee, 6. August 1893

Frida,

Jetzt hast Du uns alles zerstört. Dein Vater will Dich nicht mehr sehen nach Deinem infamen Brief an Deine Mutter mit Deiner falschen Zärtlichkeit und Deiner schlecht verhüllten Eifersucht.

Ich gehe mit der Einwilligung Deiner Eltern nach Berlin und werde mir dort eine Existenz schaffen.

Wenn Du mich dort aufsuchen willst, mußt Du Dich beeilen; ist der Skandal einmal entfacht, gibt es keine Hilfe mehr!

Ich liebe Dich noch, aber das Leben hat auch noch einen anderen Zweck als die Liebe allein!

Du hast die Korrespondenz unterbrochen. Jetzt stelle ich sie bis auf weiteres ein.

August.

Liebe Frida,

Ich habe soeben Deinen Brief mit dem Schreiben Burckhards und dem übrigen erhalten. Ich könnte nicht sagen, daß es mich erfreut hat, weil mir nichts Freude macht nach unserer Trennung. Du bist ehrgeizig wie ich, aber ich glaube zu wissen, daß Dein Ehrgeiz Dein ganzes Sein verzehrt und alle begraben wird, die sich Dir nähern. Ich suche mir vergeblich eine Zukunft vorzustellen, die einzig und allein der Wissenschaft gewidmet ist.

In meinen stillen Stunden mache ich mir Vorwürfe… daß ich Deine Person und deine Karriere zu wenig ernst genommen habe, Dich unterdrückt habe. Aber ich kannte den Wert Deines Talents nicht, hatte nicht ein Wort gelesen. Jetzt, wo ich Deine Artikel gelesen habe mit Deinem Stil voll Geist und Farbe, wird mir bewußt, daß Du jemand bist und daß es nicht recht von mir war, Dich zu belächeln.

Du wieder hast mich dafür als Idioten behandelt – anfangs im Scherz, dann aus Gewohnheit und schließlich im Ernst.

Ich glaube, wir sind ziemlich quitt. Es steht Dir frei, Dir das Recht zu gewähren, mir alle „Wahrheiten" –

erdichtet oder nicht – zu sagen, ohne mir das freie Wort zu geben.

Jetzt, wo ich meine Rückkehr nach Berlin vorbereite, ist mir, als kehrte ich in die Finsternis zurück, weil ich glaube, daß Du nicht zu mir stoßen wirst. Ich sehe es wieder, dieses Berlin: seine Künstlerklause, wo wir Zigeuner spielten, diese Neustädtische Kirchstraße, wo unsere Liebe erblühte unter der Frühlingssonne und den Gewittern. Eine Liebe, wild und wie der Frühling – großartig manchmal, mitunter traurig. Der erhabene Kampf zweier Seelen, die ringen, um das Unvermeidliche zu vermeiden; zwei Zellen, die sich zu einer vereinen und Ihre Individualität verlieren müssen.

Und das alles ist jetzt vorbei. Aus! Ist das möglich?

Ich bedaure nur, daß ich mich nicht umgebracht habe zuletzt in London, in Deinen Armen, den Kopf auf Deiner Brust. Ich hatte damals die Absicht, aber der Ort schien mir so schmutzig. Hier träume ich von einem Tod mitten im Mondsee. Im Wasser, das ist so rein – oder auf dem Bett im Badehaus, Du weißt schon! Aber im letzten Augenblick kommt mir Dein Bild unter und die Hoffnung lächelt mir zu.

Du wirfst die Liebe für den Ruhm weg, aber ich kann Dir sagen, es kommt der Augenblick, da besitzt Du den Ruhm und möchtest ihn anspucken. Dann ist es so leer, so öde um Dich, und Du würdest gerne die

Lorbeeren gegen einen Kranz Rosen tauschen. Wenn das Leben so freigebig ist und Dir beides anbietet, warum auf eines (und zwar das süßere) verzichten? Ich könnte Dir erzählen, daß Lorbeeren spitzere Dornen als Rosen haben.

Ist es vorbei?

Und warum? Rätsel ohne Lösung! Du liebst mich, solange ich der Kleine und Unglückliche bin, und Du haßt mich und verabscheust mich, wenn Du den Herrn und Mann bei mir merkst. Du haßt die Herren und Du verachtest die Herren. Dein Fleisch begehrt den Mann, und Deine Seele stößt ihn zurück. Du bist eine Amazone!

Hast Du bemerkt, daß ich mich Deinen Wünschen angepaßt habe, so wie ich mich – ohne es zu wissen – weiblich gemacht habe, um Dir die Rolle des Mannes zu überlassen. Warum?

Weil Du mich sonst nicht lieben würdest! Und Du mußtest mich lieben.

Jetzt, wo ich jede Hoffnung, Dich zurückzugewinnen, verloren habe, würde es mich beinahe reizen, Dir meine geheimen Gedanken in allen jenen Fällen zu verraten, in denen Dir mein Verhalten unerklärlich schien. Ich würde es genießen, Dir zu enthüllen, was in einer Männerseele vorgeht, die von ihrer Liebe beherrscht wird. Aber wozu! Du würdest es mißbrauchen!

Ich bin der Mann der Zukunft, so männlich, daß ich mein möglichstes tue, es zu verbergen. Deshalb spiele ich den Frauenfeind. Mein Instinkt ist so gesund, daß er mich immer auf den guten Weg führt, wo mich ein Übermaß an Liebe erwartet, gewürzt mit der Grausamkeit einer Frau.

Was willst Du? Manchmal die Liebe einer Mutter, die sanfte und helle Liebe, die Liebe des Schafs? Nicht wahr?

Es scheint mir so – und wieder nicht. In dem Augenblick, in dem Du sie gewonnen hast, verachtest Du sie und begehrst eine andere.

Die keusche Liebe! Meinetwegen!

Du verachtest mich, und das – bis zu einem gewissen Punkt – mit Recht! Ich frage mich, ob Du mich mehr und anders lieben würdest, wenn ich mich als Rohling zeigen würde und Dir das Tier, den Kannibalen sehen ließe! Eine intellektuelle Liebe kannst Du nicht brauchen, weil Du selber Intelligenz besitzt – –

Ist es möglich, daß zwei Menschen zusammenleben können, wenn das letzte Wort gefallen ist? Drum lassen wir es!

Und übrigens, warum ich nicht nach England gehe? Ich weiß nicht recht, wirklich. Ich habe dort nichts zu tun. Ich habe Angst, meine neue Karriere zu verspielen. Ich fürchte meine Liebe, und daß sie mich noch einmal zu Deinem Sklaven macht.

Deshalb fahre ich nach Berlin! Und dann? Und dann?

Hast Du die Folgen einer Trennung berechnet? Rache, Revanche!

Alles zerbricht! Irreparabel!

Und es wird ausgebessert, um zu zerbrechen. Man prostituiert sich, bietet dem Publikum ein Schauspiel, das ein zweites *Plaidoyer d'un Fou* erwarten wird.

Enthüllungen und Entgegnungen. Man stirbt vor Schmerz und kehrt ins Leben zurück, um sich zu rächen.

Das Leben ist daran Schuld, das schöne und grausame Leben!

August.

Liebe Frida,

Jetzt, wo Du mir die Rechnung schickst, zwingst Du mich, Dir die Gegenrechnung zu erstellen, um Dir die Lage klar zu machen. Zuerst: Nicht ich war es letztlich, der die Heirat im Frühling angesichts der wirtschaftlichen Lage wollte. Das warst Du. Und Du hast mir anläßlich der Hochzeit gesagt: Jetzt kannst Du 5 Monate in Ruhe mit der Aussteuer arbeiten, weil wir keinen Haushalt gründen wollen. Dann hast Du gegen meinen Willen meine Angelegenheiten in Deine Hand genommen. Vor einem Monat gibst Du mir bekannt, daß das Geld zu Ende ist.

Habe ich Dich darum gebeten oder hast Du es hinausgeworfen?

Mizi hat mir später erzählt, daß Du davon Alimente bezahlt hast. Das würde mich nicht betreffen, wären da nicht Deine Vorwürfe! Und doch betrifft es mich! Du hast meine Manuskripte zerstreut, die ich mit soviel Mühe gesammelt habe, und sie haben ihren Wert verloren.

Ich habe Dich machen lassen. Aber als ich sah, daß alles zum Teufel ging, habe ich verlangt, die Lage kennenzulernen.

Du hast mich angegriffen und mir ins Gesicht geschleudert, daß mich das nicht betreffen würde.

Warum habe ich Dir freie Hand gelassen? Meine Schwäche! Erinnere Dich, welche Karriere ich mir mit meiner Schwäche gebahnt habe, welche Höllen zu durchschreiten ich die Kraft hatte.

Ich habe Dir die Freiheit zu handeln gegeben, weil ich Dich liebe, und weil es mir Vergnügen machte, Dich als – endlich! – freie Frau zu sehen.

Bedenk doch! Wenn ich Dich behandelt hätte, wie die Bürger ihre Frauen handhaben: Hätte das einen besseren Begriff von meiner Männlichkeit gegeben?

Ich handelte so, wie ich konnte!

Du weißt jetzt, daß Du uns die Kunst, Märtyrer zu sein, verspielt hast.

Du bist jetzt das kleine verlassene Mädchen – Du, die so intelligent war, die ihre Welt auswendig konnte.

Angenommen ich hätte Deine Ehre vor 4 Monaten verteidigen wollen: Du hättest mich geohrfeigt!

Und was meine Ehre betrifft: Du bist gut mit ihr umgegangen, nicht wahr? Nicht wahr?

Wie sehr Du Frau bist! Die Frau mit ihren großen Qualitäten und ihren lumpigsten Fehlern. Liebevoll, zärtlich, grausam, verlogen und schwach – vor allem schwach wie ein Kind! Und Du wolltest auch mich schwach haben, und Du hast mich für einen Augenblick schwach gemacht! Wenn Du mich nicht allein in

Rügen gelassen hättest, würde jetzt alles gut gehen. Ist es schwer, die Seele eines Menschen zu zerreißen, den man ausgesaugt hat, dessen Verstand man irre gemacht hat?!

Es gab Momente in London, wo ich glaubte, Du hättest die bewußte und wohl beschlossene Absicht, mich verrückt zu machen oder mich auf Deine Weise zu töten!

Du hast Dir den Weg in England dank meiner Freunde, die ich Dir gegeben habe, gebahnt. Und Du hast nicht Karriere gemacht. Sie war bereits durch mich selbst gemacht, durch mein Talent und ohne Intrigen. Ruf Dir das sehr gut in Erinnerung!

August.

IV.

BERLIN – DORNACH – ARDAGGER

1893 – 1894

Ich bitte Sie, alle erforderlichen Mitteilungen
zu adressieren nach: Wien, Rochusgasse 12.
Bei Herrn Professor Weyr.
[Berlin, 15. 10. 1893]

August,

Wenn Sie diesen Brief in Händen halten, werde ich
Berlin verlassen haben, um in Wien ein passendes Asyl
für die Zeit der Scheidung zu suchen.

Ich habe Ihnen nichts mehr zu sagen, denn ich will
gar keine Vorwürfe an Sie richten. Also zur Sache:
diese Scheidung, die wir gleichermaßen wünschen.

Meine Reise nach Wien gibt Ihnen das Recht, sie
vom preußischen Gesetz zu verlangen. Um den Ritus
zu vervollständigen, fordern Sie mich schriftlich drei-
mal auf, zurückzukommen. Ich antworte nicht darauf.
Man nennt das „böswillige Verlassung" – Ihr Anwalt
wird Ihnen das übrige sagen.

Ich werde durch meinen Anwalt Ihrem Scheidungsgesuch zustimmen. Also wird es keinerlei Skandal,
keine Auseinandersetzung geben, und Sie werden
keinerlei Rechte mir gegenüber haben.

Wenn ich so die Rolle der Schuldigen übernehme,
dann unter 3 Bedingungen:

1. Daß man beim Prozeß und danach jeden erdenk-
lichen Skandal vermeidet. Ich bin das dem Namen

meines Vaters schuldig, der wieder der meine sein wird.

2. Daß Sie auf *alle Ihre Rechte* als Vater des Kindes, das geboren werden wird, verzichten. Es wird bei mir bleiben – bei mir allein, für immer. Dafür werden Sie keinerlei Verpflichtung ihm gegenüber haben.

3. Drittens, daß Sie meine Ehre durch kein gesprochenes oder geschriebenes Wort – wem gegenüber immer – beschmutzen. Ich verspreche Ihnen dafür, ein ewiges Schweigen einzuhalten über Sie und Ihren Namen – gegenüber jedermann.

Das, was ich diesen Morgen zu Ihnen gesagt habe, war überhaupt keine Drohung. Es war das einzige, was mir in diesem Fall zu sagen blieb; denn noch einmal: Ich heiße nicht Siri von Essen, sondern

Frida Uhl

Ich bitte Sie, sich mit Ihrem Scheidungsgesuch zu beeilen, denn falls Sie dieses nicht in 4 Wochen vorlegen, beantrage ich die Scheidung wegen körperlicher Mißhandlung und freiheitsgefährlicher Drohungen.

Es wäre von Vorteil für Sie, wenn Sie mir zuvorkommen. Ich gebe Ihnen ein Monat zu handeln. Nützen Sie es.

Friedrichshagen 30 März 1894.

Liebe Frida,

Nach einer entzetzlichen Reise über Prag mit Über-
nachten kam ich Ostermontag nach Berlin. Alles war
zu und ich hatte kein Geld.

Dienstag versetzen Ring und Uhr; Hildebrand hatte
kein Geld von Kürschner verlangt. Wir schrieben
einen Wechsel. […]

Grelling war Kummervoll! Die Sache war gefährlich, aber eben da kam ich rettend!

Jetzt da der Staatsanwalt sein Angriff auf einen einzigen Punkt gerichtet (?), nämlich: „das Buch ist mit
seinen breiten Schilderungen in der Absicht geschrieben die Sinnlichkeit des Lesers aufzuregen", war es mir
leicht zu beweisen das entgegengesetzte, da ich einen
Brief von meinem Vetter in Stockholm bestellt in wel-
chem Er bestätigt dass Er das Manuscript der *Beichte*
im Jahr 1889 in Deposition empfangen, in Zweck für
die Verwandten nach meinem da erwarteten Tod zu
meiner Vertheidigung zu dienen.

Also: Das Buch ist *beweislich* nicht geschrieben in
Absicht gedruckt zu werden, also noch weniger in der
Absicht die Sinnlichkeit etc.

Und damit ist das Buch so gut als frei!

Ich habe nicht angenehme Tage allein hier und in Noth, aber gratulire mich dass ich gereist bin.

Ausbleiben hätte mir Sommer und Zukunft vielleicht gekostet.

Die Drucklegung geht viel langsamer als nöthig, und ich bin nicht sicher dass ich nächste Woche los werden kann. Was das Bureau mit dem Hervorschieben gemeint ist mir noch räthselhaft.

Was Dornach betrifft habe ich es nach den letzten Tracasserien leider in sehr unangenehme Erinnerung und ob wir uns da treffen weiss ich nicht!

Dein
August.

August,

Herr Doctor Bernstein hat die Freundlichkeit Dir diesen Brief zu übermitteln, der meinen endgültigen Entschluss enthält.

Ich bin Dir nicht feind alles Vorgefallenen halber – ich verzeihe Dir aus ganzem Herzen u. werde froh sein, wenn ich Dir jemals Gutes erweisen kann. Nur leben mit Dir *kann* ich nicht mehr; ich müsste mein letztes Gut, mein bischen Selbstachtung verlieren u. auch sonst elend zugrunde gehen.

Und ich kann Dir ja nicht helfen. Das Opfer wäre zwecklos. Du hältst mich für Deine Feindin u. eine elende Creatur. Es muss Dir wohl sein, wenn Du Dich derselben entledigen kannst. Liebe hast Du ja keine für mich. Das hast Du mir selbst gesagt. Warum also sollen wir aneinander gekettet bleiben u. uns zutode quälen? – Wenn ich thue was in meinen Kräften – was über Menschenkräfte geht – umsonst. Wenn ich Dir alles opfere – Du glaubst ich schädige Dich. – Du behandelst mich nicht wie Deine Frau – nicht einmal wie Deine Magd, Deinen Hund.

Ich *kann* nicht mehr .. ich bin elend, namenlos elend geworden u. hab´ Dir nicht helfen können.

Darum hab´ ich beschlossen von Dir zu gehen u. *nichts* ändert mehr meinen Beschluss.

Bleibt mir das Kind, bin ich bereit Alles Andere zu leiden.

Wenn wir auf gegenseitige Abneigung klagen, so entspricht das, hauptsächlich Deinerseits, der Wahrheit. Sonst kannst Du mich klagen auf böswilliges Verlassen: *denn ich kehre nicht mehr zu Dir zurück als Deine Frau.*

Nur musst Du mich 3 mal (vor Zeugen) auffordern lassen zurück zu kehren. Thust Du dies in einem *offenen* Brief an Dr. Bernstein adressirt, so dürfte es genügen. Am Besten Du nimmst Dr. Grelling als Verteitiger u. lässt ihn an Herrn Dr. Bernstein schreiben.

Doch merke: hast Du *bis 1. August* an Dr. Bernstein keine Nachricht über Deinen Beschluss ergehen lassen, so reiche *ich* Scheidungsklage ein, auf körperliche Misshandlung. Ich rate Dir als Freundin: *klage Du.* Ich werde mich nicht verteitigen u. keinerlei Schmutz kann vor den Richter u. die Welt geschleppt werden. Das sind wir unserm Kinde schuldig. Das Kind lass mir. Ich verspreche Dir, dass ich ihr lehren will, dich zu achten u. lieb zu haben u. dass Du sie sehen kannst, so oft Du willst u. wann.

Ich scheide nicht im Groll von Dir. Noch einmal: ich habe Alles verziehen. Du sollst mir zu jeder Stunde willkommen sein, wenn ich Dir helfen od. etwas Liebes thun kann, denn Du bist Der Vater meines Kindes. Dein Weib jedoch kann ich nicht länger sein.

Solange Du in Dornach bleiben willst, bist Du in Deinem Haus. Das Mädchen wird Dich mit Allem versorgen … von dem Wirtschaftsgeld, das Du mir gelassen, sagte ich ihr. Anbei etwas für das Dringendste. Hätte ich mehr, so würde ich′s Dir gerne geben. Ich schreibe heute nach Berlin um 100 M.

Für den Fall dass Du reisen wolltest, ist Dir dies dann ermöglicht. Meinethalber brauchst Du es nicht.

Auch weisst Du, dass ich – auch nach unsrer Trennung mein Weniges gerne mit Dir teile.

So lange ich was habe, soll der Mann dem ich mein Kind verdanke nicht in Not sein. Von den 100 fl meines Vaters wirst Du jeden 6. d. M. 50 erhalten. Es braucht niemand was davon zu wissen.

Und glaub′mir, August: trotz Allem hast Du keine bessere Freundin als mich. Denn mein Kind, das hab′ ich lieb u. vor dem will ich mich nie zu schämen brauchen.

Ich wünsche Dir Glück, mein armer Freund. Hoffentlich blüht Dir jetzt der Erfolg .. ich werde mich über alles Gute das Dir widerfährt freuen.

Teilnehmen daran kann ich nur aus der Ferne. Denn ein ferneres gemeinschaftliches Leben ertrage ich nicht mehr.

Frida.

Liebste Frida,

Ich hatte nicht dieselben Empfindungen wie Du in unserem letzten Augenblick in Grein, und ich bin ruhig und voll Hoffnung bezüglich unseres baldigen Wiedersehens. Um drei Uhr geht mein Zug, direkt nach Paris. Kostet 92 Francs. Der Schafskopf kostet mich einen Gulden bis Wallsee. Dann: mein Baedecker *Deutschland* blieb auf dem Schiffe. Lass Deinen Handelsmann in Grein reklamieren. Sämtliche Landkarten darin! Im Schlafsalon. Kenne den Namen des Schiffes nicht, Leb wohl, samt Kind.

V.

PARIS – DORNACH – WIEN

1894 – 1896

Allein in einem ganzen Haus. Habe nicht Paris gesehen Niemand gesehen. Nichts passirt, nichts zu erzählen. Angebot Linz war für mich, der Wien vor zehn Jahren besass, und jetzt in Paris bin, ein wenig kränkend, aber ganz genre Dornach. Herunter zu uns!! In Paris habe ich nichts zu thun persönlich. Da ist nur Talent und Thatsachen gültig. Wir übersetzen alle Tage. Nichts anders als Geduld, also.

[...]

Komm nicht mit Kind hieher, da sind wir verloren!

August.

[Paris, ca. 25. 8. 1894]

Liebe Du,

Eine Woche in absoluter Ruhe, Dornacherruhe,
und meine Nerven sind ultrakrank. Klima, Lebensweise, Veränderung, Reise – vielleicht bedrücken mich
die letzten drei Monate mit Kummer, Verdruß, Sorgen, Demütigungen.

Die Lage ändert sich täglich und zum Besseren.

Langen kommt am 1. September an und verlangt
heftig die *Beichte*, die vorbereitet, revidiert ist. Loiseau kommt mit dem Manuskript. Also Geld! Willst
Du jetzt kommen, eine Wohnung suchen und alles
vorbereiten für die spätere Ankunft des Kindes?

[...]

Bereite also Deinen Entschluß für 1. September vor,
wenn Du glaubst, daß Dich eine Trennung vom Kind
niederschmettert.. Ich muß ungefähr Deine Gefühle
und Deine Meinung in diesem Punkt wissen, ehe ich
Maßnahmen für eine Wohnung ergreife.

Wenn Du kommst, möchte ich einen Vertrag mit
Langen machen, nach dem er mir jeden Monatsersten
200 Francs bezahlt, damit unsere Existenz hier für den
nächsten Winter gesichert ist.

[...]

Wenn Du kommst, würde ich Dir raten, hier Feuil-

letons in Französisch zu machen. Frau Sévérine füllt
das *Journal* mit Leitartikel, die langweilig und gut bezahlt sind.

[...]

Ich sterbe langsam, und nichts interessiert mich.
Alles wird kommen, aber wozu ist das Warten gut?

Diese Klavieraffaire ist mir unheimlich. Zuerst bin
ich deine Schwester 200 Fl schuldig; so kommt dein
Vater in Mondsee und sagt dass ich ihm 200 Fl. schuldig war = 400 Fl. So kommt dein Grossvater und sagt
dass ich ihm 200 Fl. = 600 Fl. Bezahle ich ihm, so können die andere zwei kommen. Übrigens: will der alte
Wucherer seine 200 Fl., so kann Er das Klavier verkaufen. Ist das einfach?

Das war ein gutenn Ende mit dem Artzt! Es fing an
mit 1,000 Fl. im Winter (so sagte deine Mutter) war
ein Mal 100 Fl und ward 38 Fl. Das ist Dornach!

Ich habe Österlind geschrieben dass er *Dir* die 100
Fl senden soll. Aber nichts bezahlen zu den Alten! Ich
bin kein Raskolnikow, aber das Recht der Jungen zuerst leben und *so[dann]* Schulden bezahlen behaupte
ich.

Du hast Melonen verkauft! Verkauf das ganze Häusel und komm hieher! Ist man froh jetzt dass man mich
los werden?

Also diese Woche entscheidet!

Dein *August.*

[Dornach, ca. 26. 8. 1894]

Lieber Freund,

Danke für Deinen Brief. Sei guten Muts. Vor allem
– antworte ehrlich und klar auf meine Fragen: Wie
geht es mit *H. Littmanson?* Kannst Du bei ihm in
*Voll*pension bleiben, so lange Du möchtest? Wieviel
Geld hast Du in der Tasche? Bist Du sicher, wieder
welches zu bekommen, wenn das aus ist, oder brauchst
Du etwas? Ich kann Dir nächstes Monat leicht welches
schicken. –
Ich arbeite 12 Stunden täglich. Ich habe mein Na-
turell, das ich als junges Mädchen hatte, wiedergefun-
den und die ganze Liebe zu meinem Beruf. Darüber
hinaus habe ich Mut und viel Hoffnung. Meine alten
Bekannten bei den Wiener Zeitungen haben mich
wieder mit viel Wohlwollen aufgenommen, sodaß ich
ab Herbst ein fixes Einkommen haben werde. Mein
Plan ist gemacht. Bis November werde ich die 500 Fl.
verdient haben, die ich brauche, um alle Schulden zu
bezahlen und zu reisen. Dann fahren wir nach Paris.
Wir – denn mein liebes [Kind kommt mit]. Ein für
allemal: Ich verlasse mein Kind nicht. Einmal ist es
meine Pflicht, bei ihr zu bleiben, und dann könnte ich
nicht mehr ohne sie leben. Sie ist mein ganzes Leben,
meine ganze Liebe. Wenn Du sie sehen könntest, wür-

137

dest Du mich nicht bitten, ohne sie zu bleiben. Und sie ist so zart, die liebe kleine Seele. Wie sie aufhört zu weinen, wenn ich sie auf den Arm nehme, wie ihr kleiner Mund mich anlächelt und die anderen nicht, wie mich ihre kleinen Hände in der Nacht halten – die Finger geschlossen, und wie ihr kleiner Körper so sanft, so warm, so reizend jetzt auf meiner Brust ruht. Mein Gott, nichts auf der Welt kann dieses Kind aufwiegen! Wie könnte ich es verlassen! –

Nein, mein Freund, sei ruhig. Wir werden Dir nicht zur Last fallen, solange Deine Einkünfte nicht regelmäßig sind; das wäre ein Verbrechen. Ich habe nicht Angst.

Jetzt bin ich wieder die geworden, die ich war. Ich habe meinen festen, unbeugsamen Willen wiedererlangt, meine Liebe zur Arbeit. Damit geht man nicht seinem Untergang entgegen.

Ich werde wieder die Journalistin, die mit ihren eigenen Worten spricht. Von zwei Zeitschriften habe ich sicher die Pariser Korrespondenz. Papa, der Gute, nimmt wieder meine Artikel (50 fl. monatlich). Die Kleine, ihre Amme und ich haben mit *einem* Zimmer genug, Du hast ein anderes. Und wenn wir nicht immer etwas zu essen haben, was macht das? Brot für zwei Sous füllt den Magen so gut!

Was Linz betrifft: Du hast mich wieder nicht verstanden oder verstehen wollen. Niemand hat Dir ein

Angebot gemacht, weder ein kränkendes, noch ein eh-
renhaftes. Es war in der ganzen Angelegenheit nicht
von Dir die Rede. *Mir* hat man vorzuschlagen gewagt,
mein Brot durch eine etwas anstrengende Feldarbeit zu
verdienen. Und ich gebe zu, daß ich genug Unterklasse
bin, keine wie immer geartete Arbeit zu verachten, die
mich und mein Kind vorm Hunger oder Gnadenbrot
bewahren kann.

Was Dich betrifft: Du hättest Dich uns nur an-
schließen sollen, ohne irgendwie an meinen Geschäften teilzunehmen. Und das, ich habe es Dir gesagt, für
den Fall, daß Du Dich in Paris nicht halten *könntest.*

Mußt Du Dir alles einbilden? Sag mir, was für ein
Vergnügen hast Du daran, alles um Dich zu beschmutzen? Das würde mich interessieren, als psycho-
logisches Rätsel.

Aber letztendlich betrifft mich das nicht. Ich gehe
meinen Weg. Willst Du mir folgen – gut. Ich werde
glücklich sein. Aber ich gehe nicht mehr bedeckt von
Schmutz, und ich lasse in mir nicht mehr jeden recht-
mäßigen Stolz töten, jedes Selbstwertgefühl, selbst jede
Individualität. Jetzt erst merke ich, was Du im Begriff
warst, aus mir zu machen. Das war *wirklich* Unterklasse! –

Ich beende nicht einmal diesen Brief. Er soll für den
Tag der Abrechnung zwischen uns zwei warten!

2. *September 1894, Versailles*

Frida,

Ich habe gerade alle Deine Briefe, die ich in Versailles erhalten habe, überlesen, und mein Gesamteindruck ist, daß Du Dein Kind über alles liebst und wirklich für die Familie geboren bist. Nun gibt es da ein Dilemma! Wenn Du Korrespondentin für Zeitungen wirst, mußt Du das Haus, das Kind, den Haushalt, mich im Stich lassen. Und läßt Du Dich einmal mitreißen von einer Gesellschaft interessanter Personen, wirst Du Deinen guten Geschmack an der Familie verlieren, deren Mühen und Sorgen Dir Abscheu vor Haushalt und Kind einflößen werden.

Ferner werden die Theater, die Ausstellungen, Paris schließlich dazu führen, daß das Leben teurer wird. Wir werden gezwungen sein, uns für eine Wohnung in der Nähe von Paris zu entscheiden, wo die Kaufleute wegen der Ausbeutung der Fremden verdorbene Gauner sind.

Vor allem sind die verdammten Theater – mein Verhängnis! – nie vor Mitternacht aus, und dann gehen keine Züge mehr! Darüber hinaus: eine verheiratete Frau, die hier ganz allein herumgeht, in dieser Gaunergegend ... Du weißt schon!

Anderer Vorschlag: Laß die regelmäßige Berichterstattung bleiben, schreib gelegentlich, wenn es Dir Spaß macht. Begleite mich auf Empfängen, schreibe die Bücherkritiken daheim, oder besser: mache Bücher. Was Dir verlorengeht, gewinnt das Haus, der Haushalt, ich, Dein Kind, und vor allem – mein Budget. Ich arbeite schlecht, wenn ich auf die Dienstmädchen, das Kind, den Haushalt aufpassen muß. Allein, vor allem abends, werden mir die schönen Augenblicke der Ruhe und der herzlichen Unterhaltung abgehen: Ich werde wieder ins Wirtshaus gehen, das teuer und schlecht ist.

Ziehen wir doch in ein Dorf in der Nähe von Paris, das aber einfach und versteckt ist ... und stellen wir die Regel auf, daß nie einer ohne den anderen unter die Leute geht. Die Emanzipation ist da unbekannt und emanzipiert heißt prostituiert.

Meine Finanzen haben jetzt einen guten Weg eingeschlagen, aber ohne die Aufsicht der Hausfrau geht alles hinaus. Das heißt nicht, daß Du mein Dienstmädchen wirst und daheimbleibst, wenn ich ausgehe – und auch nicht, daß ich allein daheimbleibe, wenn Du ausgehst.

Außerdem, was soll das mit den Theatern? Die großen deutschen Blätter haben ihre Rezensionen schon längst, ehe Du damit ankommst, den französischen Blättern nachgedruckt. Und der Vortrag, was interessiert der? Um Studien zu machen! Habe ich Studien gemacht, um meine Stücke zu schreiben? – Im übrigen gibt es Sonntagsmatineen, wo die großen Schauspieler in ihren wichtigsten Rollen zu sehen sind.

[...]

Jetzt, wo das Geld auf dem Tisch ist, rette Dich! Und zwar schnell, bevor das Geld verschwendet ist. Rette Dich, und Du wirst später Dein Kind retten – von Dornach!

Morgen bin ich allein in Versailles, mein Freund reist ab. Ich habe Paris abbestellt. Die Großstadt bringt mich um.

Am billigsten ist es anscheinend für mich, wenn ich teuer lebe, mich in Ausgaben stürze. Sparsame Lebensweise schwächt mich und raubt mir die Energie. – Alles ist da. Nimm es nur!

August.

Versailles, 4. September 1894

Liebe Frida,

Ich bin allein in meinem Haus in Versailles und habe viel Zeit, über unsere Zukunft nachzudenken. H. L. ist gestern früh abgereist, ich habe den Tag in Paris verbracht. Und mit dem gleichen Ergebnis wie früher. Die Luft muß vergiftet sein, denn mich befällt ein nicht zu beschreibendes Unwohlsein; die Nerven bäumen sich auf, und ich flüchte nach Versailles. Werde ich Paris ertragen? Und ich frage mich auch: Was habe ich da zu tun? Ich verliere allmählich meinen Verstand, und es gibt Momente, wo ich fliehen möchte. Wohin? Nach Schweden!

Es gibt Momente, da möchte ich nach Dornach zurückkehren, um dort gemeinsam das hier verdiente Geld ausgeben und mich als Kranker und Maler einzurichten. Willst Du? Bis es mit dem Kind besser wird. Für den Prozeß könnte ich mir eine Unterschrift vom Arzt geben lassen! – Das Geld ist gesichert, und mit Geld kann man in Dornach alles in Angriff nehmen, um dort den Winter zu verbringen. Paris ist so trostlos, trostlos wie London – und was ich zu tun hatte, ist getan. Eine Geschäftsreise, nichts weiter – und mit Erfolg.

Mit diesem Geld werden wir in Dornach wie Fürst und Fürstin leben, in Paris wie Bettler. Bedenk doch: Wir können niemals Freunde sehen in Paris nach diesem Auftakt mit einer mißlungenen Lotterie.

Noch einmal: Willst Du, daß ich zurückkomme? Mit Geld schafft man sich Bücher an, Zeitschriften, Zeitungen – all die kleinen Annehmlichkeiten, die das Leben erträglich machen. Stell Dir vor: Fayencekamine, schöne Lampen, Vorhänge, Teppiche, Ammen vor allem! – Abends ein Glas Wein, die schönen Abende zu zweit. Hier bleibst Du daheim, schreckliche Dienstmädchen, Ausbeutungen ohne Ende, eine teure und verschwindende Illusion. Die berühmten Leute schwatzen eine Stunde lang, anstatt daß man ihre Bücher bei sich daheim hat. Hier erwartest Du Dir ermunternde Anregungen. Absolut nichts! Ist das Kind hier, kannst Du nie ausgehen. Und abends bist Du müde und verläßt nicht Dein Kind und das gute Bett. Im fremden Land, wo man nicht versteht, was Du sagst, und über alles lacht.

Willst Du?

Und die Reise mit der Kleinen? Denkst Du daran, wenn sie krank ist?

Gib zu, daß das Geld zum überwiegenden Teil bei unseren körperlichen Disharmonien war.

Und übrigens: Hier werden wir einen schmutzigen, feuchten Herbst haben! Straßenbahnen, Karren,

Bahnhöfe, Drehorgeln, Falschgeld, schlechter Tabak, gepanschte Milch!

Ich vermisse die Donau, trotz allem! Ein Heim, ja doch! Hier: die Straße!

Überleg!

Dein *August.*

Passy, 11. September 1894

Liebe Märtyrerin.

Obwohl

Du Deine 22 Jahre vor zwei Jahren eingeläutet hast,

Du, anstatt dahinzuvegetieren, 16 Stunden täglich den ganzen Winter mit Deinen Romanen ästhetisiert hast,

Du die höchste Schönheit der Kindheit und des Mutterseins erlebt hast,

ich nie so gearbeitet, gedacht, gelitten, und zugleich Freude gehabt habe über Deinen schönen Stand als junge Mutter,

alles, was Du in Deinem Brief vorbringst, falsch ist,

habe ich Dir telegrafisch 250 Francs hinterlegen lassen, damit Du herkommen kannst, um mich zu quälen und zu erfreuen.

Gleichzeitig habe ich bei H. Grétor erreicht, daß wir bis 15. Oktober in Passy wohnen dürfen und dann die Möbel bis Frühling haben können. Er rät uns Saint-Cloud.

Komm und schau!

Also Frida: Du hast mit Deiner „Freiheit" als Mädchen Dein Spiel getrieben. Willst Du jetzt, als

Verheiratete, wie ein junger Mann weitermachen? Das ist nicht vernünftig! Und nicht ernst, oder?

H. Grétor hat diesen Abend meine 10 Gemäldetafeln angeschaut und zwei davon um 400 Fr. bestellt.
Von Passy nach St. Cloud ist es durch den Bois nicht mehr als eine halbe Stunde.
Ich würde Dir raten, die letzten Briefe zu verbrennen. Du läßt sie herumliegen, eine Tante oder sonst jemand entdeckt sie, schöpft Verdacht und man sperrt Dich ein.

Du schreibst mir heute wie einer der Sieben Weisen! Folge Deinem Beispiel und sei klug, oder ich stehle Dir das Kind, das das Recht hat, ihrem Gatten später einmal die Schwiegermutter zeigen zu können, ohne sich schämen zu müssen.

Die Atmosphäre ist nicht ganz frisch. Ich fühle mich jünger als die Jungen, die alle Philister sind. Langen und Grétor, beide um 25, und so alt. Langen wird ein gerissener(!) Geschäftsmann werden und sieht so aus.
Ein Glück, daß Du von der alten Schule bist, so wie ich!

Auf bald

August

Paris, 3. November 1894

Lieber Marienkäfer,

Was für ein Glück, daß auch Du mich ein wenig vermißt, sonst wäre ich verloren, denn ich hänge fest. Es ist furchtbar – aber es scheint, daß wir fürs Leben aneinandergeschweißt sind. Das große, das größte Glück – das Unglück ohne Ende. Im Grunde haßt Du mich, wie ich Dich verfluche – ohne Zweifel. Und wir lieben uns, das läßt sich nicht leugnen. Da sehen wir, wie kompliziert das Leben ist. Und da schreibt man Bücher über die Liebe wie über etwas, das nichts mit Haß zu tun hat. Nun, ich habe meine Freiheit verloren und verachte das Leben. Die Selbstmordmanie packt mich als einzige Verteidigung meiner Autonomie, und ich habe Angst – ich ahne es, daß wir uns nicht mehr wiedersehen.

Warum diese wilde Freude, als Du weggingst? Und dann sofort die Gewissensbisse und die Reue!

Es ist merkwürdig. Mängel und Vorzüge, Tugenden und Laster! Donnerwetter, ich liebe Dich wegen Deiner sogenannten Fehler, Deinen Leichtsinn, Deine Unbewußtheit, Deine Lebensweise, die fast einer Topfpflanze gleicht.

Erkläre mir das doch: Zwischen uns zwei – mitsamt unseren Schmutzigkeiten – erscheint mir alles rein! In dem Moment, in dem Du weggehst, kommt mir jeder schmutzig vor! Unser Laster ist rein! Wie das? Die anderen sind schmutzig! Die anderen! Weißt Du was? Unsere Ehe muß sehr modern sein! Modern = was wir brauchen! Eine kluge Evolution des alten Gepäcks!

Nur: Du willst, daß ich Dein Kind liebe! Daß ich meinen Rivalen liebe! Schon gut!

Genau in diesem Augenblick Deine Karte, noch immer über Dieppe, die Bücher und die Fotos vom Häusel. Wahnsinnige! Du hast das Heimweh nach der Donau in mir geweckt! Wie ich Dein Heimweh nach der Rue de Bac (Au Bonheur des Dames) und der Straßenecke der Pont Royal, wo ich in der Passy-Zeit soviele kleine und große Gläser geleert habe.

Das Häusel! Ja! Wo ich soviel Freude erlebt habe – und so viel Leid! Ah, die unvergeßlichen Abendstunden vor der Ankunft des kleinen Höllenengels –

Und der Garten! Bist das wirklich Du, im japanischen Strohhut zwischen meinen Gurken? Vergänglich, ach, vergänglich wie alles übrige! Das Häusel und im Hintergrund der Sonnenuntergang, zu dem unsere Blicke so oft geschweift sind, um das Unbekannte zu suchen – die Großstadt, wo Brot und Wein zu finden sein würden! Die Stadt als Mutter, ja! Und nein! Ein Traum, der Wirklichkeit geworden ist! Erinnerst Du Dich an jenen Morgen – wie zwei brave Studenten –

der gute Morgen vor dem Panthéon und der Biblio-
thèque de la Geneviève (die ohne Zweifel einen bösen
Ehemann hatte, der Schwierigkeiten beim Morgenkaf-
fee machte!). Du, angezogen wie ein junges Mädel!
Ach, bin ich ein alter Esel! Ich will es nicht glauben!
Ich gebe Dir die volle Freiheit, weil ich Dich für durch
und durch anständig halte, und nicht, weil ich mich
für unwiderstehlich halte! Mein Vertrauen ist kein Ver-
stoß, es ist ein Ehrenmal! Aber mache Deinen Mann
nie lächerlich. Der lächerliche Ehemann hat eine zwei-
felhafte Frau und einen zweifelhaften Vater zur Folge.
Es gibt keine Eifersucht für mich; für mich existiert
der Ekel, der Haß und die Rache.

Das Häusel! Hm!
(Fortsetzung folgt)
Bis morgen

Dein alter und zu junger

August –

Ich weiß nicht, was in mir vorgeht, aber ich fürchte um unsere Zukunft. Ich habe mich gutmütig täuschen lassen, aber es gibt Grenzen, die man nicht überschreitet, ohne die Folgen zu spüren. Und wenn ich der Stimme des Selbsterhaltungstriebs nicht gehorche, bin ich früher oder später verloren. Du kämpfst immer, immer gegen mich, und ich verteidige mich. Aber es macht mir keinen Spaß mehr, daheim zu streiten. Du kommst in Paris an und erklärst mir, daß Du den Mann, der Deiner Schwester eine Liebeserklärung gemacht hat, nicht mehr sehen willst. Und trotzdem.

Du willst mit den Möbeln eines Zuhälters wohnen. Ich bestelle sie ab, und Du verlangst sie wieder zurück.

Du findest endlich (nach Streitigkeiten), daß mich H. Langen mit seinen spätabendlichen Besuchen beleidigt hat. Du sagst, daß Du diese Besuche abgesagt hast. Ich weiß, daß Du ihn eines Abends zum Manuskriptelesen eingeladen hast – bis Mitternacht, 4 Stunden, von 8 weg. Und das am gleichen Tag, an dem Du versichert hast, daß das nicht mehr vorkommt. Du bietest Dich ihm als seine Sekretärin an und erklärst Dich bereit, ihn jeden Morgen zu besuchen.

Dieses ganze Netz von Lügen und Betrug wird mit einem Riesenkrach enden; es ist besser zu früh.

In diesem Augenblick beherrscht mich eine einzige

Empfindung – eine einzige, die letzte: meine Ehre zu verteidigen und mich zu rächen und mich von dem, was mich erniedrigt, zu befreien.

Handelst Du mit Absicht und bewußt, oder ist es Deine schmutzige Natur, die Dich treibt? In London ist Dein Ruf gefestigt nach Deinem Abendessen in der Öffentlichkeit mit einem jungen Mann – Du als Jungvermählte. In Berlin bist Du bekannt, in Wien ebenso, und in Paris hast Du gut angefangen.

Und überall, wo ich Dich einführe, verdirbst Du mir die Geschäfte, indem Du meine Verbindungen für Deine Interessen und gegen die meinen ausnützt.

Wozu die Komödie der Liebe spielen, wenn wir uns hassen? Du haßt mich als den Überlegenen, der Dir nie Unrecht getan hat, und ich hasse Dich, weil Du als mein Feind handelst.

Würde ich den Kampf gegen Dich fortsetzen, müßte ich Deine verdorbene Moral annehmen, was ich nicht will. Ich gehe fort, egal wohin.

Und Du wirst sehen: In dem Moment, in dem Du allein zurückbleibst und das große Vergnügen, mich zu erniedrigen, wegfällt, wirst Du nicht mehr die gleiche Energie zum Handeln wie früher haben. Böses zu tun ist Deine Stärke, aber Du brauchst ein ständiges Opfer und einen, der es liebt, den Naiven zu spielen. Ich will diese Rolle nicht mehr. Such Dir einen andern! Adieu!

August S.

Ja, Du hast immer meine Beziehungen für die andern ausgenützt und nennst mich den Undankbarsten.

Der göttliche Leichtsinn hat mich in eine Ehe gelockt, in der ich wie ein Bettler, unter dem Gesinde behandelt wurde – bis zu dem Punkt, daß mich meine Kinder verfluchen. Eine schöne Philosophie!

Und die da: „Das Vertrauen ist das einzige System, das bei uns [Frauen] Erfolg hat!"

Erinnere Dich an einen gewissen Brief, der nach London geschrieben und an mich in Rügen adressiert war! Und urteile, nach dem Charakter der Empfindungen eines Nachempfinders.

Ich habe Dir gestern einen sehr offenen Brief geschrieben, und ich nehme ihn weder zurück, noch bestelle ich ihn ab. Im Gegenteil: Ich fahre im gleichen Stil fort und riskiere alles.

Wir werden in Hinkunft kein gemeinsames Leben führen, und Du brauchst nicht zu glauben, daß ich der Gefoppte gewesen bin. Ich respektiere Deine Geheimnisse, aber ich kenne sie sehr wohl. Ich habe den Brief gelesen, den Du in der Hochzeitsnacht auf Helgoland zerrissen hast, und ich habe meine Tür mit einer unbeschreiblichen Verachtung zugemacht. Ich habe Deine Vergangenheit gründlich gekannt, und ich habe die Briefe Deines Liebhabers gelesen, die Du wohl aller Welt ausstellen wolltest im Pensionat Werra – sogar dem Zimmermädchen, das sie auf dem Leuchtertisch gelesen hat.

Ich bin nie der Gefoppte gewesen bei unseren ersten, ganz und gar ehelichen Auseinandersetzungen vor der Ehe. Ich bin in diese Richtung viel zu alt, als daß ich eine Jungfrau nicht von einer Nicht-Jungfrau unterscheiden könnte, was kein Vorwurf ist, denn – schließlich – schließlich.

Ich war ein wenig erstaunt über Dein Wissen um die Gestaltung des Tags nach der Hochzeit, aber ich kenne die Welt und die Frauen, und ich verlange nicht

viel von der Welt. Erst die Besuche von Frl. Tscheuschner haben mir dieses noch ein wenig befremdliche,
aber mir wohlbekannte Phänomen klargemacht.
Deine Grausamkeiten, Deine schmutzigen Manieren
in England, in Berlin, überall haben meine Verachtung
erweckt, und Du glaubtest, mich zugrunde gerichtet
zu haben. Du hast mich mit Füßen getreten, und ich
habe Dich machen lassen und war sicher, daß meine
Kraft zuletzt die Oberhand behalten würde. Ich wollte
die Grenzen der menschlichen Unbesonnenheit sehen,
und Du hast sie mir gezeigt. Vom gleichen Schlag wie
Deine Schwester, die mich eingeladen hat, in der
Nacht an ihre Tür zu klopfen, wenn ich „Angst"
bekäme. Von der gleichen moralischen Gestörtheit wie
Deine Mutter, die Dich Dirne genannt hat, was Du in
einem (gut gehüteten) Brief eingestanden hast.

Warum habe ich Dich geheiratet? Ich habe Dich
geliebt, indem ich mittels meiner Dichterkraft meine
besten Gefühle in Dich hineingelegt habe, die Dir
fehlten. Ich habe Dich schon als Verlobte bei der Tür
hinausgeworfen, und ich habe Dich wieder aufgenommen aus Mitleid, Liebe, Sympathie – alles, was Du
willst. Jetzt – ist das wirklich vorbei!

Ich, ich töte nicht; ich ersetze! Du bist ersetzt!

Es ist das Vertrauen, das Du von meiner Seite
brauchst. Deshalb liebst Du mich. Und wenn mein
Vertrauen aus ist, muß Deine Liebe aus sein.

Also, man hat sich nichts vorzuwerfen – !

Wie oft hast Du mich geärgert? Jetzt ist es an mir, Dich zu ärgern, weil die Scheidung meine Ehre rettet – Ehre, ein Begriff, der Dir unbekannt ist. –

Überlege gut, bevor Du kommst! Ich nehme nicht ein Wort zurück, im Gegenteil. Und ich bekenne, daß Du für mich nur eine Frau von der übelsten Sorte bist. Ich habe Deine Korrespondenz gelesen, also kenne ich Dich. Ich habe Dich vor unserer Hochzeit gekannt, und Dein denkwürdiger Brief über vergleichende Anatomie bleibt ebenso wie meine Antwort als Kopie gut aufbewahrt.

Ich weiß, warum Du Dornach verachtet hast, und ich kenne den Grund dafür, daß Schlipitzka seiner Tochter verboten hat, Dich zu besuchen.

Ich habe wohl begriffen, warum Du „die andere in Finnland rächen" wolltest und warum Du Deine Rache „Gerechtigkeit" genannt hast. Aber was mich erstaunt, ist, daß Du Frl. Tscheuschner nach London einladen und sie dann als Patin Deines Kindes nehmen wolltest!

Du bist das schmutzigste menschliche Vieh, das ich je gekannt habe!

Und ein Leben gemeinsam mit mir wird für Dich eine einzige riesige Strafe sein. Ich werde Dich nie als meine Frau vorstellen, ich werde Dich nie unter die Leute ausführen.

Und Du willst teilen mit einer anderen, ohne Schande, wie Du schon einmal in dieser Welt geteilt hast mit zwielichtigen Zuhältern, die sich selber „Königskinder" nennen und die anderen die „Unreinen".

Nein, das ist wirklich vorbei!

Geh Deinen schmutzigen Weg, der die Gosse der Straße entlang führt. Das ist das Leben, das Du suchst.

Ja, das Gericht! Immer ist es das Gericht, wo sich das Gesindel daheim fühlt! Willst Du das Gericht, wo Deine Mutter und Deine Schwester als Zeugen vorgeführt werden und natürlich Meineid schwören werden?

Nein, das ist wirklich vorbei!

Und es ist besser, sich von diesem Augenblick an Lebewohl zu sagen!

Ich räche mich nicht! Einen zweiten Band *Beichte* zu schreiben, das hieße den ersten abschreiben! Und wozu. Ein Typ, gewöhnlich und alltäglich wie Du, interessiert mich nicht!

Also leb wohl!

Aug Sg.

Hr. Langen hat mir 100 Francs von Dir geschickt, die ich ihm zurückgeschickt habe.

Paris, 14. April 1895

Ich erhalte gerade Ihren Brief, der in Saxen gestempelt ist. Na also, Sie sind in Dornach. Wenn es die Not ist, die Sie gezwungen hat, bin ich untröstlich. Aber Sie erzählen ja nichts von Ihren Angelegenheiten.

Aber Sie haben ja meinen letzten Brief nicht erhalten – und das Begleitpaket mit Zeitungen, die Ihnen meine Lage und meine Hoffnungen ersehen läßt. Meine Hoffnungen! Sagen Sie es doch noch einmal, ob das ernst ist, daß Sie für immer Abschied von mir nehmen! Im letzten Brief haben Sie eine gütliche Lösung als möglich hingestellt, und in dieser Hoffnung zwang ich mich, meine Ängstlichkeit zu überwinden und aus meiner Abgeschiedenheit herauszutreten, um nach dem Preis zu greifen, der mir zusteht.

Hier nun, was ich vorschlage. Sagen Sie mir endgültig,

ob Sie den Sommer in Dornach bleiben wollen,

ob Sie es passend finden, daß ich mich bei Schlipitzka einquartiere.

Wenn Sie mit ja antworten, verspreche ich, den Vortrag über den Schwefel zu halten zusammen mit Experimenten, und das vor 15. Mai in einem Saal der Sorbonne.

Überlegen Sie und antworten Sie!

Behalten Sie mein Gepäck bis auf weiteres. Ich schicke Ihnen das Ihre, sobald Sie mir geantwortet und Ihre Adresse gegeben haben.

Wenn ich die Mittel dazu hätte, würde ich Sie nach Paris einladen, damit Sie mir den Mut und das Interesse geben, die mir fehlen.

Ich glaube nämlich nach Ihrem letzten Brief, daß Sie wieder an meine Berufung zu Problemen von hoher Tragweite glauben. Nur, die Politik ist mir zu billig und nichts für mich – genau wie die Eroberung meines Landes.

Sie haben also das Häusel und das Gärtchen wiedergesehen? Wo wohnen Sie? Wie leben Sie und das Kind? Geht es? Hat es Zähne?

Schreiben Sie mir bald.

Auf bald

August Strindberg

[Dornach, Ende April 1895]

August,

Der beiliegende Brief ist angekommen und an Sie adressiert. Sonst nichts.

[...]

Dem Töchterchen, das Christa gerufen wird, geht es jetzt gut. Sie hat 7 Zähne. Sie geht und redet. Man sagt, daß sie ein Wunder an Gesundheit ist. Sie ist gut und reizend. Anbei ein Bild von ihr von vor 3 Monaten. Sie ist seither viel gewachsen. Ich wollte es Ihnen jetzt nicht schicken, denn ich habe ihr kleines Spitzenhemd vergessen, in dem ich es fotografieren lassen wollte, und mußte ihr meinen eigenen Kragen aufsetzen. Man sieht es nicht, aber das Bild ist verdorben.

– Ich könnte Ihnen Ihr Gepäck jetzt aufgeben. Sagen Sie mir, wohin ich es schicken soll. Aber bald, weil wir in Kürze wegfahren.

– Unser Prozeß ist in Wien zurückgewiesen worden. Er ist jetzt in der zweiten Instanz. – Die Abweisung ist Ihrem Kurator Dr. Czelechowsky zu verdanken. Die Komödie läuft ohne uns .. ohne Sie wenigstens. Wenn man den Prozeß in Wien zurückweist, versucht man es in Linz. Dann werden Sie bald frei sein. Frei davon, all Ihre .. „angenehmen Feinde" zufriedenzustellen.

Was mich betrifft – August, wenn ich über das Vergangene nachdenke, kommen mir immer wieder böse Erinnerungen. Ja, ich habe Ihnen Leid zugefügt, oft. Wenn ich dieses und jenes noch einmal überdenke ... ich habe Ihrem Genie und Ihrem Herz Leid zugefügt. Wie schäbig, dumm ... klein ich war!! Ich verstehe mich nicht mehr. Ich spielte mit dem Leben, bis es mich zu Boden schmetterte. Ich bitte Sie um Verzeihung für das Unrecht, das ich begangen habe. Vergessen Sie es. Vergessen Sie mich. Unsere Ehe war ein Fehler. Aber glauben Sie wenigstens das eine – zu Ihrem Wohl, nicht zu meinem: *Niemals* habe ich einen jener *wirklich schweren* Fehler begangen, die Sie mir vorwerfen. Ich habe aus Stolz, aus Dummheit, aus Mangel an Nächstenliebe gesündigt, ich habe Sie – mit einem Wort – schlecht behandelt. Aber ich habe Sie nicht betrogen. Ich habe Ihnen nicht geschadet.

– Glauben Sie nicht, daß ich mich mit Ihnen versöhnen will. Nein. Nie mehr. Ich weine über das, was uns trennt. Ich könnte es nicht vergessen.

Lieber sterben, als wieder Ihre Frau werden. Wir sind zu ungleiche Kämpfer. Sie würden mir die Seele töten, die jetzt erst wieder beginnt, in der Ruhe und in der Liebe meines Kindes von neuem aufzuleben. Und dann .. Sie wissen es auch, was ich durch Sie gelitten habe. Nein – nein. Wir sind einander der Untergang!! Also Schluß. Schluß mit allem. Für immer. Das ist traurig, daß eine Liebe so endet. Traurig wie der Herbst, der die Bäume zu nackten Bettlern macht und die Blumen sterben läßt. Gibt es eine neue Blüte? Ich glaube es für Sie – ein Baum voller Kraft und nie im Herzen erschüttert. Haben Sie mich nie geliebt? Ich frage es mich manchmal. Und ich weiß doch: nein. Wahrscheinlich ist es auch das, was ich Ihnen nicht verzeihen kann. Das übrige, warum nicht? Die Vergangenheit scheint mir nur mehr ein Traum. Man grollt Visionen nicht.

– Leben Sie also wohl – Sie, den ich zu lieben glaubte, den ich zu vergessen versuche, der nicht mehr für mich lebt. Leben Sie wohl, und ohne Groll: Wir werden uns auf Erden nicht mehr wiedersehen.

[Paris,] 22. Mai 1895

Zwei Worte in Eile!

Wir sind doch wirklich keine Kinder mehr. Ich bitte Sie, mein Gepäck zu behalten, weil es mein Bruder nicht haben will und ich vorhabe, den Sommer im Gasthof zwischen Dornach und Grein zu verbringen. Man hat mir Geld gegeben (ein Stipendium), sodaß Sie und Ihre Eltern nicht Angst haben müssen, daß ich euch durch Schuldenmachen kompromittiere. Ich will mein Kind jeden Tag sehen. Es steht Ihnen frei, sich scheiden zu lassen. Und die Schicklichkeit? Mit Ihnen – Schicklichkeit?

Ich bin kein schlimmerer Kerl als der Onkel Samek, und die große Straße an der Donau treibt ihre Händel mit so vielen anderen Zigeunern.

Sag Kerstin, daß es mich für sie freut, erfolgreich Jod aus Kohlederivaten hergestellt zu haben, was eine Revolution(!) geben wird; und daß ich diese Woche in der *Temps* die Mitteilung publiziere.

Jetzt bereite ich meine Reise an die Donau vor, ohne um Erlaubnis zu bitten. Ich bringe Ihre Sachen selber mit.

Ich lasse Ihnen Ihre persönliche Freiheit, verlange nicht, Sie zu sehen, und werde Sie durch meine Anwesenheit in Dornach nicht belästigen. Sie werden mich dort nie zu Gesicht bekommen.

Wenn unsere Ehe in Österreich ungültig ist, sei sie ungültig! Das Kind kann nicht annulliert werden.

August Strindberg

12 rue de la Grande Chaumière.

Würden Sie mir sagen, was ich Kerstin vor meiner Abreise von Paris kaufen kann.

Und geben Sie ihr noch diese Porträts als Andenken.

[Paris,] 2. Mai 1896

Hochzeitstag.

3 Jahre sind vergangen. Beginn in Helgoland und Ende vor dem Polizeikommissar in der Rue l'Abbé Saint-Grégoire. So ist das Leben!

Da Sie nun einmal noch 3 Tage lang meine Frau sind, nehme ich mir die Freiheit, Sie zu fragen, wo mein Kind existiert und ob es ihm gut geht.

Dann: Wie alle Scheidungen wird auch diese auf eine Geldfrage hinauslaufen. Ich bitte Sie also, mir die Summe meiner Schulden bei Ihnen und Ihrer Familie zu nennen.

Als letzten Beweis Ihres Taktgefühls erbitte ich von Ihnen inständig, in einer Angelegenheit wie dieser niemals per Polizei oder Anwalt zu antworten.

Ist das zuviel verlangt?

August Strindberg.

Paris, 60 rue d'Assas, Hôtel Orfila.

Wien, Dr. Raabe,
Seidelgasse 29, III. Bezirk.
[10. 5. 1896]

Mein guter Freund,

Ihr Brief erreicht mich nach langen Umwegen. Gebe der Himmel, daß diese Antwort ein wenig von der Verbitterung wegwischen kann, die Sie empfinden müssen.

August – ja, ich habe unsere Verbindung aufgelöst. Du warst unglücklich, und ich habe so viel gelitten. Glaub mir: Nachdem, was zwischen uns vorgefallen ist, ist ein Leben hinkünftig unmöglich. Ich hatte Zeit, nachzudenken, und ich weiß jetzt, daß ich bei weitem keine ideale Ehefrau war. Ja … ich habe Sie viel leiden lassen, ich habe unverzeihliche Sachen getan, ach vor allem gesagt. Ich bitte Sie um Verzeihung dafür. Glauben Sie mir, daß ich es mir selbst nicht verzeihe. Ich würde viel darum geben, wenn ich mir Ihnen gegenüber nichts Hartherziges und Unrechtes vorzuwerfen hätte. – Und Sie: Vielleicht wissen auch Sie – ruhig wie Sie geworden sind – worin Sie mir Unrecht getan haben, mich unglücklich gemacht haben. Ich will es vergessen. Ich will Ihnen gegenüber nicht verbittert sein. Sie haben Ihre Fehler, ich meine. Gemeinsam haben wir unser Leben zerstört.

Aber da unsre Verbindung nun einmal aufgelöst ist, unser Schicksal getrennt: Glauben Sie mir, August, Sie werden keine ergebenere und aufrichtigere Freundin haben, als die, die sich schlecht dafür eignete, Ihre Frau zu sein. Was immer ist, Sie können mit mir rechnen!!! Vielleicht wird es so besser sein. Was man Liebe nennt, löst immer Kampf und Haß aus. Die Ehe ist ein Kampf der Egoismen. Sehen wir, was die Freundschaft uns bringen wird!!

Ihre und meine Tochter „existiert" in Saxen. Wenn ich in Wien zu tun habe, bleibt sie bei ihrer Großmutter, die sie anbetet. Ich kann Sie nicht einladen, sie zu besuchen, denn meine Leute da oben würden das nicht verstehen, nicht verzeihen, was ... ich menschlich finde: Sie nie von Ihrem Kind zu trennen. Aber im Juli oder August, wenn auch ich meinen Urlaub beginnen werde, nehme ich das Baby mit irgendwohin nach Bayern, und dann sind Sie willkommen und können sehen, daß es ihr bestens geht, daß sie Ihnen gleich sieht: blond, dick, rund, stark, nicht hübsch, aber reizend und erstklassige Intelligenz. Sie werden auch sehen, daß es das empfindsamste kleine Herz der Welt ist. Aber ich füge hinzu, daß ich Ihnen Ihre Zusammenkünfte mit dem Kind nur unter der Bedingung ermöglichen werde, daß Sie sich auf Ehrenwort verpflichten, niemandem etwas davon zu sagen. Ich hänge gewissermaßen von meiner Familie ab, und –

schließlich liegt es an Ihnen, zu wählen, ob Sie im übrigen überflüssige vertrauliche Mitteilungen vermeiden wollen, oder darauf verzichten wollen, das Töchterchen zu sehen. Was die Frage des Geldes betrifft, die Sie mir unterbreiten, kann ich Ihnen nur sagen, was ich dem Richter beim Verhör gesagt habe:

Wir haben in völliger Gütergemeinschaft gelebt und alles gemeinsam bestritten. Wir schulden uns gegenseitig nichts. Das Geld hat weder in unserer Ehe noch bei der Scheidung etwas verloren. Du schuldest *keinem irgendetwas.* Nimm das als gegeben, ich bitte Dich inständig darum! Was das Kind betrifft, habe ich dem Richter erklärt und wiederhole es Dir, daß ich Alimente weder verlange noch akzeptiere. Ich verdiene das Nötige durch meine Arbeit. Und wenn ein unvorhersehbares Unglück daherkommt, wird Kerstin nie von meiner Familie im Stich gelassen werden, denn alle vergöttern sie. Wenn Ihnen die Zukunft Glück bringt, können Sie ihr immer noch eine Mitgift einrichten. Aber solange ich selber einen Groschen habe, werde ich ihn mit dem Kind teilen, und es wird keine Hilfe von irgend jemand anderem benötigen. *Es wird ihr an nichts fehlen.* Seien Sie unbesorgt! Ich liebe sie zu sehr.

So! Und jetzt, August, wenn Sie erlauben, drücke ich Ihnen als gute Freundin die Hand! Die Frau ist für sie verloren. Glauben Sie es, und glauben Sie, daß es so auch besser ist. Sie werden eines Tages eine andere finden, die Sie glücklicher macht.

Verzeihen Sie mir, daß es mir nicht gelungen ist, es zu tun.

Frida Strindberg

Sie irren sich, wenn Sie glauben, daß Sie mir wehgetan haben. Alle Leiden, die sie und die Meute beabsichtigt haben, haben sich zum Guten verwandelt. Warum?

Ich weiß nicht, aber die Leiden haben bei mir eine Art Religion ins Leben gerufen, und ich selber halte es für ein Wunder, daß ich in Paris und auf der Höhe bin, während die Feinde weggejagt werden. Und ich habe mich nicht verteidigt, ich habe keinen Widerstand geleistet.

[...]

Alles, was ich in der Wissenschaft angestrebt habe, ist mir gut gelungen. Theater und Verleger – brauche ich nicht mehr, nachdem ich darüber hinweggegangen bin.

Wer hat das Spiel verloren? Sie, denn hier herrscht die Meinung, daß Sie die sitzengelassene Mätresse meines Verlegers sind. Ist es meine Schande oder Ihre, daß Sie einen stumpfsinnigen Spießbürger bevorzugt haben, der Sie verlassen hat?

Kommen Sie zurück nach Paris, und Sie werden in dieser Welt der Tabakingenieure, Zuhälter und Betrüger, die Sie so bewundert haben, wie ein leichtes Mädchen behandelt.

Ja, um mich lächerlich zu machen, haben Sie sich so weit erniedrigt, die legitime Geburt Ihres Kindes in Zweifel zu stellen. Wem gebührt die Schande? Ihnen!

Da Sie nun einmal bestraft sind, brauche ich mich nicht rächen.

[...]

Glauben Sie noch nicht, daß Mächte existieren, die unser Schicksal lenken? Warten Sie! Und geben Sie acht!

Ich habe Angst um Sie, weil Sie leichtsinnig sind und immer das Pech haben, die schlechten Leute und die schlechteren Mittel zu wählen. Aber ich bin sehr zuversichtlich für die Zukunft unseres Kindes. Sein Bild hat Freude in mein trauriges Leben dieses schrecklichen Winters gebracht. Sie lächelt der Welt zu, wo sie einen Ehrenplatz haben wird, glauben Sie mir! Erzogen durch ihre Mutter, die eine hervorragende Frau ist (ja!), wird sie glücklich und gut werden!

Was Ihre Einladung betrifft, verstehen Sie, sie erinnert mich an Ihre letzte vom vergangenen Jahr, und ich kann sie nicht annehmen. Ich kann mein Kind auch ohne Sie sehen, auch in Dornach. Da sehen Sie, daß die vertraulichen Mitteilungen nicht umsonst waren und daß Sie – dank meiner – in einer imaginären Welt voll Unschuld und Kraft gelebt haben.

Warum wollen Sie immer noch mit meinem Namen unterschreiben, den Sie ganz und gar beschmutzt haben, und den zu tragen Sie nicht das Recht haben? Haben Sie in Verdacht, daß noch was damit zu verdienen sei?

Ich habe der Vorsehung gedankt, daß sie mich von Ihnen befreit hat. Jetzt habe ich, scheint es, auch noch die Rolle, Sie zu retten!

Wenn Sie durch diesen Brief wütend werden, greifen Sie nicht in mein Schicksal ein. Ich räche mich nicht, aber es gibt einen, der mich verteidigt.

VI.

YSTAD – SAXEN – KLAM

1896

Liebes,

Ich muss unter allen Umständen nach Süden und Gebirgen; ich muss mit Madame Prager Abrede machen, Freunde in München und Salzburgischen suchen, und was ist denn natürlicher als ich Dich und Kind sehe. Aber ich komme nicht in deinem Haus als Besitzer deiner Person! Ich komme als fahrender Schüler und nehme Hotel in Ihrer Nähe. Ist es so möglich neutraliter zu verkehren so bleibe ich im Ort zu arbeiten. Ich will nur Hausfreund bei Dir und der Kleine sein, und Du muss wissen voraus dass ich ohne irgend welche Forderungen oder Illusionen zu Dir komme, dass Du mich nicht vom Neuen zu hassen anfängst.

Es ist ja möglich dass unsere Personen durch diese zwei Jahre einander unsympatisch geworden sind. Wer weiss? Und so getrennte Haushaltung dass wir nicht wieder in Händel über Bagatellen rathen.

Finde ich dass meine Anwesenheit dir unangenehm ist so gehe ich nach den Bayerischen Seen zu überwintern, denn hier und in Paris ersticke ich.

Willst Du vielleicht dass ich mich in Clam setze? So wird es wahrscheinlich mehr gearbeitet und die Besuche nicht allzu in Müssiggängerei verwandelt.

Die Kleine muss ja Hauptperson sein, und sie ist ja thatsächlich das Band, das unsere Band annoblirt!

Jetzt weisst Du dass ich bald in deiner Nähe bin. Und ich komme nicht ohne meinen Besuch voraus zu annoncieren, Dir alle Rechte vorbehalten.

Und sehen wir uns: keine Abrechnung, keine Vorwurfe.

Ist's so recht?

August.

P.S. Passiere ich Wien, suche ich Niemand deiner Verwandten. Passiere ich Dornach ebenso.

Sei also ruhig!

Saxen (in deinem Zimmer)
d. 11ᵉ September 1896

Liebes,

„Mutigen Herzen ist nichts unmöglich!"
Nach zehn Tagen Rossbändereien und Höllen-
kampf ganz ruhig ist alles gut geworden.

Grossmutter hat ihren gottlosen Eid zurückge-
schworen, da ich meinen Eid in Helgoland ent-
ge[ge]nstellte; Sie hat ihre 100 fl. von mir bekommen
und sagt dass Sie jetztmehr blind und taub uns gegenüber ist.

Schwiegervater in Wien ist entzückt und hat Mutter
sogar ein Geldlein gesandt; meinetwegen. Mutter ist
lieb wie immer. In Tante Melanies Rothen Zimmer
(Rosenrothen) wohnte ich acht Tagen und sie hat
mein Herz gewonnen, vielleicht ich ihr auch.
(?) Thante Dieh (Thiel?) habe ich geküsst; mit ihr
ganze Klam durchgekneipt vom Schlossbräu bis unten.
Sie war von einer Liebenswürdigkeit und Discretion
die unerwartet war.

Kersti war schwerst zu erobern, und Sie hatte ja
Recht, aber jetzt ist Sie gezähmt durch Liebe und hat
mich gern. Sie kann schon „Ich" sagen und weiss alles
trotzdem Sie nicht sieben und vierzig Jahr alt ist.

Ihr Erzeihung in Freiheit und ohne Kleinligkeiten gefallt mir.

Vorgestern abends ging ich Sie suchen.

In der Ferne auf einer Wiese sah ich Sie allein (scheinbar) mitten in einer Heerde von Jungen weissen Stieren, die Sie mit der grosse Wächter-Peitsche trieb. Ich bekam Angst, lief dahin, aber Sie hatte keinen Angst, nur die Stiere hatten´s. Diese Scene vergesse ich nie! Mutigen Herzen ist nichts unmöglich Stierenbänderin! –

Also warten wir die natürliche ruhige Entwickelung der Situation!

Dein Gatte

(in expectans)

August.

Lass das Geld! Ich habe mein Zimmer und Bedienung selbst bezahlt, und Mutter sogar ein kleines Vorschuss gegeben!

[Saxen, ca. 20. 9. 1896]

Frida,

So bin ich wieder in diese verwünschte Geschäftskorrespondenz verwickelt und breche kurz ab.

[...]

Vorläufig gehe ich nicht von Saxen fort, da ich
krank bin. Habe heute Nacht zwei Stunden gehustet;
habe „Nonnengeräusch" (bruit du diable) höre die
Weltmächte summen, möchte aber gern heitere klare
Bergluft atmen, da hier die Nebel konstant sind.

Uebermorgen sende ich Frau Porges die 100 Mk,
die ich in Hamburg von ihr geliehen habe, mit Brief.
Bitte um ihre Adresse! Hast Du sie schon bezahlt, so
musst Du die 100 Mk bekommen. Ich brauche sie
nicht! Und ich möchte diese kleine Ehrenrettung vor
den Porges haben. Wir hatten die Absicht nach Klam
zu gehen, aber Grossmutter in Dornach verlangt oft
nach Deiner Mutter; und wir sind hier neutral und
ziemlich unabhängig von einander.

Band und *Bengt* gehen ab.

Artikel für *Sphinx* war meine *Goldsynthese*, die Frau
Prager jetzt übersetzt.

August.

[Saxen,] 21 September 1896.

Frida,

Geld von Schweden und Porges Adresse wartend,
bitte ich gef. dass Du mir in München diese Bücher
auf Reclams Univ. Bibliothek oder andere Klassische
Wohlfeile Bibl. kaufe:
Die Edda
Dante: Inferno
Righveda.
Hesiodus. (nicht Herodotus!)
Sammt von
Webers illustrirte Katechismen:
Mythologie von Dr E Krober.
Gibt es noch:
Brüder Grimms Märchen illustriert –
wäre es sehr lieb.
Hier scheint Neues geschehen.
Tant Melanie geht nach Wien für den Winter och
giebt mir Ihr Wohnung in Klam. Mutter geht nach
Klam weil Ihr Saxen verhasst ist.
Wahrscheinlich bleibe ich Ober-Oesterreicher für
den Winter.
Kerstin ist gesund und guter Laune.

August.

[...]

VII.

DORNACH

1902

[Dornach] vor Weihnachten, 1902.

August, ich habe Dich das letzte Mal in diesem
Leben in Paris (vor *8* Jahren!!) gesehn, als die Bäume
in Luxembourg (erinnerst Du Dich?) Gold hervor-
brachten, müde wie sie waren vom einfachen Blühen.
Ich habe Dich plötzlich an einem anderen Herbst-
tag wiedergesehen, dieses Jahr – Dich, *Dich* –; Deine
Seele und Deine Augen, Deinen Mund, Dein Gesicht
und Dein Lächeln ... sogar Deine Stirnfalten! Ich habe
Dich wiedergesehen, ich sehe Dich seither jede Minute
wieder: Dich, die Güte und Zärtlichkeit in Person,
jung, lieb, ohne Vorwurf, ohne Haß – im Gesicht Deines – und meines – Kindes.
Und ich, die ich während der Ewigkeiten über-
menschlicher Leiden jedes Wehklagen erstickt und
keine einzige Träne vergossen habe, ich weine seither
wie eine Verdammte – nicht wegen der Hölle in mir,
um mich ..., sondern weil es einen verlorenen Himmel
gibt.
Ich bin eines Tages auf den Dachboden im „Häusel"
gestiegen. An diesem Tag habe ich geglaubt, ich werde
verrückt, und habe mit meiner Stirn auf die Steinplat-
ten geschlagen. Ich habe *die Briefe* gesehen, *das erste
und einzige Mal gesehen, die Du während unserer Trennung an Mutter geschrieben hast!*

Ich glaubte mich aus Deinem Herzen und Deinem Leben verbannt, seit 5 Jahren. Und folglich hielt ich mich für verflucht, gehaßt – verloren, *verloren*. Zu erfahren, daß Du mich geliebt hast, mir Verzeihung, Versöhnung angeboten hast .., das nicht *gewußt* zu haben und *jetzt* zu erfahren .....

Was für eine Qual! –

Was für ein Trost!

August, ich danke Dir, ich danke Dir auf den Knien! Du wirst nie mehr von mir hören. Das werden meine letzten Worte sein: „Ich segne Dich dafür, daß Du in meinem Unglücksleben das einzige große und edle Wesen gewesen bist, das ich getroffen habe. Ich segne Dich dafür, daß Du der Vater meines Kindes bist! Vergangenheit und Zukunft verdanke ich Dir! Ich habe nicht eine Stunde reiner Freude irgend jemandem anderen in dieser Welt zu verdanken.

Und *ich bitte Dich um Verzeihung*, ich, der ich mir niemals verzeihen werde, *niemals!*

– Was ich Dir hier sagen werde, ist die reine und nackte Wahrheit. Ich kann sie Dir sagen.

Du bist heute der Ehemann einer anderen und ihr Liebhaber. Es ist nicht mehr möglich, daß mein Schicksal das Deine mit sich fortreißt; es ist nicht mehr möglich, daß Du an meinem Leiden leidest, weil Du mich nicht mehr liebst.

Ich kann also schreiben, ohne Dich zu verärgern,

ohne Dich zu bedrücken. Ich kann beichten, weil ich nichts mehr zu verlieren, nichts mehr zu gewinnen habe.

Ich habe Dich vor 8 Jahren verlassen und hatte keine Schuld an diesem Verrat. Ich wollte zu Dir zurückkommen .. Deine Briefe haben mich glauben lassen, daß ich verabscheut werde .. ich habe mich aufgelehnt. Familie, Freunde – alle haben mich angetrieben, mich von Dir zu trennen. *Du warst nicht da!* Ach, wärst Du zurückgekommen, hätte ich Dich gesehen .... aber ich war allein mit meiner Verbitterung und meinen Verdachtsmomenten, mit meinem aufbegehrenden Stolz und dem Geschwätz der anderen.

Nun kam die Stunde, in der ich nicht mehr zu Dir zurückkehren *konnte,* selbst wenn ich *gewollt* hätte, weil mich die Einsamkeit, das Leben und die Jugend zu einem Fehler verführt haben, den nichts wieder in Ordnung bringen konnte: Ich wurde Mutter eines armen kleinen verwaisten Jungen! – Ich habe nicht mehr geheiratet, obwohl ich in meiner ersten Hoffnungslosigkeit die Absicht dazu hatte. Ich werde nie wieder heiraten. Keine Angst, Kerstin wird keinen Stiefvater haben.

Seit dem Tag, an dem ich die Treue gebrochen habe, hast Du nichts, nichts mehr von mir gehört durch meine Hand. Als das andere Kind *geboren* wurde, war unsere Ehe durch mich geschieden. Ich habe Dich im

Unglück verlassen – verzagt, bedauernswert wie ich war! Sollte ich Dich noch mit meiner Schande beflecken? Nein – *niemals.*

Aber das, August, glaub mir: Es gibt kaum einen Abgrund, der mich nicht verschlungen hätte. Ich habe gelitten .. gelitten ... guter Gott, was habe ich gelitten – was leide ich. Und ich verdiene kein Mitleid, denn ich habe einen Fehler begangen – ich habe alle Fehler gekannt, die ganze Verachtung ... in Gedanken .. in der Tat ....

August, der Tod wäre für mich *süß,* wenn er mein Leben tilgen könnte. Aber ich war nie gemein. Ich habe Dich nicht verlassen, um mich zu verkaufen, wie sie gesagt haben. Ich habe mich niemals verkauft. Nein, nein! Ich habe gegeben, und ich habe mehr gegeben, als ich das **Recht** hatte zu geben. Ich war nicht infam, oh nein, das wenigstens nicht.

Und ich sehe mehr, noch mehr: Du hattest unrecht mir gegenüber, und Du hattest recht. Was nicht war, ist gekommen. Nun frage ich mich, da Du es gesehen hast, warum ich es nicht sah. War es nicht so, daß es schon *so war* und nur meine Nerven zu plump waren, es zu erkennen??

[...]

Ich werde in meinem Unglück weniger leiden, wenn ich Dich glücklich weiß – wenn ich weiß, daß sich das Leid, das ich verursacht habe, wenigstens nicht fortgepflanzt hat.

Sag jener, die Deine Frau ist, daß ich sie segne, wenn sie Dich glücklich macht! Und sag ihr – – was ich gelitten habe, um Dich zu verlassen, nachdem ich Dich verkannt habe.

Erwähne diesen Brief niemandem gegenüber. Ich habe schwer zu tragen, und es wäre noch schwerer. Adieu, August, auf ewig adieu!

Aber nicht in Feindschaft, nicht im Schmerz. Adieu, und vor allem von meiner Seite:

Verzeih!

Verzeih der, die Du vergessen hast.

Frida

Das „große Haus" in Dornach bei Saxen
Fotografie von August Strindberg mit seiner selbstgebauten Kamera 1894
Unterkunft von August Strindberg und Frida Uhl im Winter 1893/1894

Frida Uhl
Fotografie 1892

Strindberg.

August Strindberg
Fotografie von Reutlinger in Paris 1894

Das „Häusel" in Dornach bei Saxen

Fotografie von August Strindberg mit seiner selbstgebauten Kamera 1894
Wohnsitz von August Strindberg und Frida Uhl im Frühling und Sommer 1894

Kerstin Strindberg

Fotografie 1902

Haus Nr. 6 in Saxen

Fotografie um 1905
Hier wohnte August Strindberg imSeptember 1896

Ansichtskarte von Klam um 1900

Im Vierkanthof an der Straßenkreuzung vorne befindet sich das
„Rosenzimmer", das August Strindberg in der ersten Septemberwoche 1896
bewohnt hat

Villa Friedrich Uhls in Mondsee

Fotografie um 1890
Sammlung A. Zopf, Mondsee
Hier wohnte August Strindberg im August 1893

AUGUST STRINDBERG,

1849 in Stockholm geboren, gelingt nach mehr-
jährigen Studien und journalistischen Tätigkeiten mit
dem gesellschaftskritischen Gegenwartsroman *Das Rote
Zimmer* (1879) der Durchbruch als Schriftsteller. In
den 80er Jahren wird er mit Stücken wie *Der Vater* und
Fräulein Julie als naturalistischer Dramatiker über die
Grenzen Schwedens hinaus bekannt. Dann wendet
sich Strindberg naturwissenschaftlichen Experimenten
und der Malerei zu und reist durch Europa. Er heiratet
(in zweiter Ehe) die Österreicherin Frida Uhl, besucht
mehrmals Oberösterreich und verarbeitet diese Erleb-
nisse in den Romanen *Inferno* (1897) und *Kloster*
(1898). Mit dem dreiteiligen Stationendrama *Nach
Damaskus* (1898-1902), das viele Oberösterreich-Be-
züge aufweist, überwindet er die naturalistische Dra-
mentechnik und wird bahnbrechend für das moderne
Theater. Nach der Jahrhundertwende lebt Strindberg
als erfolgreicher Bühnenschriftsteller in Stockholm
und stirbt dort 1912.

FRIDA UHL

wird 1873 als Tochter des Wiener Schriftstellers und Journalisten Friedrich Uhl in Mondsee geboren. Sie wächst in Klosterschulen auf und kommt dann als Literaturkorrespondentin nach Berlin. Dort lernt sie August Strindberg kennen, den sie 1893 heiratet. 1894 bringt sie die gemeinsame Tochter Kerstin zur Welt. Nach der Scheidung der Ehe (1897) versucht sie sich als Journalistin, Übersetzerin und Mitarbeiterin des Langen-Verlags in München durchzuschlagen. Frida Uhl engagiert sich auch wiederholt für in Not geratene Schriftsteller und Künstler. Aus einer kurzen Liaison mit dem Literaten Frank Wedekind geht der Sohn Friedrich hervor. Nach dem Tod Strindbergs tritt sie verstärkt für die Verbreitung seines Werks ein und ist um die Sicherung der Tantiemen für seine Erben bemüht. Sie unternimmt lange Reisen nach Großbritannien und in die USA. In den 30er Jahren erscheint ihr Erinnerungsbuch *Lieb, Leid und Zeit* über die Ehe mit Strindberg. Frida Uhl stirbt 1943 in Salzburg und ist in Mondsee begraben.

ABBILDUNGSVERZEICHNIS

ANMERKUNGEN

BRIEF 1   Originalsprache: deutsch
Der erste Brief Frida Uhls (künftig FU) an August Strindberg (künftig AS). Die beiden haben einander erstmals bei einem literarischen Empfang am 7.1.1893 in Berlin gesehen. AS ist im Herbst 1892 von Stockholm nach Berlin übersiedelt, weil er sich hier mehr Interesse für sein Werk und damit bessere Verdienstmöglichkeiten erwartete.

BRIEF 2   Originalsprache: französisch (Brev 2465).
noch da sind: FU war im Begriff, nach München abzureisen.

BRIEF 3   Originalsprache: deutsch.

BRIEF 4   Originalsprache: französisch (Brev 2466).
Zechgenossen: AS ist in Berlin zu einer Clique von Künstlern (u.a. Edvard Munch), Literaten (u.a. Richard Dehmel) und Wissenschaftern gestoßen, die sich regelmäßig im „Schwarzen Ferkel" (Insiderbezeichnung für Gustav Türkes Weinhandlung und Probierstube) trifft.

BRIEF 5   Originalsprache: deutsch.

BRIEF 6   Originalsprache: französisch (Brev 2474).

BRIEF 7   Originalsprache: deutsch (?).
Dieser Brief ist bei Frida Strindberg, *Lieb, Leid und Zeit. Eine unvergeßliche Ehe*, Hamburg-Leipzig 1936, S. 97f. abgedruckt und nicht im Original erhalten. Die Absätze sind vom Herausgeber eingefügt.
Brief: Nach Darstellung von FU handelte es sich um einen schriftlichen Heiratsantrag von AS. Das Original ist nicht erhalten.
ein paar Träume: FU war eine Zeitlang eng mit dem Dramatiker Hermann Sudermann (1857-1928) befreundet.

BRIEF 8   Originalsprache: deutsch (Brev 2486).
Esterhazy-Vorstellung: Diese fand am 29.3. statt.

BRIEF 9   Originalsprache: französisch.
Porges: FU wohnte während ihrer Münchener Aufenthalte immer bei Minna Porges, der Frau des österreichischen Dirigenten und Musikschriftstellers Heinrich Porges.

Neumann-Hofer: Dr. Otto Neumann-Hofer, Theaterkritiker und Herausgeber des *Magazins für Literatur*, und seine Frau Annie waren Freunde von FU.

Jonas: Paul Jonas war der Rechtsanwalt der Berliner „Freien Bühne".

BRIEF 10 Originalsprache: deutsch (Brev 2491).
Suerbrunn: ?

BRIEF 11 Originalsprache: deutsch (Brev 2495).

BRIEF 12 Originalsprache: deutsch.

BRIEF 13 Originalsprache: französisch (Brev 2501).

BRIEF 14 Originalsprache: französisch.

BRIEF 15 Originalsprache: französich (Brev 2502).
Herkules: In der griechischen Sage wird der Zeussohn Herakles (in der römischen Mythologie Hercules) zur Strafe für einen Mord als Sklave an die lydische Königin Omphale verkauft. Dort verweichlicht er derart, daß er Löwenfell und Keule an Omphale abgibt und sich in Frauenkleidern an den Spinnrocken setzt.
Viviane: In der Artussage wird der Zauberer Merlin von der Fee Viviane so sehr betört, daß er ihr schließlich seine Zauberkünste beibringt. Daraufhin versetzt sie ihn in einen ewigen Schlaf.

BRIEF 16 Originalsprache: französisch.

BRIEF 17 Originalsprache: französisch (Brev 2508).
nach Wien: AS wollte am 1.4. eine Aufführung seines Einakters *Gläubiger* in Wien besuchen, die aber nicht zustande kam.
Kinder: FU ist von Anfang an um die 3 Kinder aus der ersten Ehe von AS mit Siri von Essen besorgt. Erst will sie möglichst viele von ihnen aufnehmen, dann mahnt sie AS unermüdlich zur pünktlichen Zahlung der Alimente.

BRIEF 18 Originalsprache: französisch.
Notiz: AS hat dem Wiener Kritiker und Schriftsteller Hermann Bahr (1863-1934) von seiner Verlobung erzählt, und der veröffentlicht die Sensationsmeldung am 27.3. in der *Deutschen Zeitung*.
Lautenburg: Siegmund Lautenburg, Direktor des Berliner Residenztheaters.

BRIEF 19 Originalsprache: deutsch/französisch (Brev 2514).

Originalsprache: deutsch.
Am 1.4. kommt FU nach Berlin zurück. AS hält zwei Tage später beim
Brautvater, dem Wiener Journalisten und Schriftsteller Friedrich Uhl
(1825-1906), um die Hand von FU an. Nach der Einwilligung wird am
11.4. offiziell Verlobung gefeiert.
Beschuldigungen: AS hält seiner Braut u.a. ein Verhältnis mit Hermann
Sudermann vor. Schon am 13.4. hat sie ihm alle Briefe zurückgeschickt
und die Verlobung für gelöst erklärt.
Schwester: Marie Weyr, Journalistin und Frau des bekannten Wiener
Bildhauers Rudolf Weyr (1847-1914), ist bereits mit der Mitgift angereist.
Sie kann schließlich den Streit schlichten. Die Hochzeit findet am 2.5. auf
Helgoland statt.

BRIEF 21 Originalsprache: deutsch/französisch (Brev 2556).
Mitte Mai verlassen die Jungvermählten Helgoland und fahren nach London. Entgegen den Erwartungen zeigen aber dort weder Theaterdirekto-
ren noch Verleger Interesse an Strindbergs Werk. Das Geld ist aus. Am
17.6. verläßt AS die Themsestadt; er will auf die Insel Rügen, wo sich einige Freunde aus dem „Ferkel"-Kreis aufhalten. Das Reisegeld besorgte
FU durch den Verkauf einiger Kleider und des Hochzeitsrings.

BRIEF 22 Originalsprache: französisch.
Thomas Grein: Jacob Thomas Grein (1862-1935) begründete 1891 das
„Independent Theatre" in London und publizierte Theaterkritiken.
Mutter Porges: Vgl. Anm. zu Brief 9.
Colbron: G.J. Colbron wurde von FU als Zwischenübersetzer für einige
Werke ASs ins Englische engagiert; sie selber wollte ins Deutsche weiter-
übersetzen.
Zuhling: ?
Carthy: Justin McCarthy hat AS in einer Artikelserie 1892 im *Fortnightly
Review* dem englischen Publikum bekannt gemacht.
wegen des Theaters: AS und FU spielen einige Wochen mit dem Gedan-
ken, ein eigenes Theater in Berlin (später in London) zu gründen.

BRIEF 23 Originalsprache: deutsch.
Paul: Adolf Paul (1863-1943), Journalist und Schriftsteller, Mitglied des
„Ferkel"-Kreises.

BRIEF 24 Originalsprache: französisch (Brev 2565).
Frau Kainz: Sarah Kainz (1854-1893), Schriftstellerin und Frau des
Schauspielers Josef Kainz.
Schleich: Carl Ludwig Schleich (1859-1922), Chirurg und Schriftsteller,
Mitglied des „Ferkel"-Kreises.

BRIEF 25   Originalsprache: deutsch/französisch (Brev 2573).
Dich gezwungenermaßen zu widerrufen: FU hatte einem Freund ihres Mannes angeordnet, seine Gemälde von der Kunstausstellung in Berlin holen zu lassen, und AS hatte diese Weisung seiner Frau widerrufen.

BRIEF 26   Originalsprache: französisch.

BRIEF 27   Originalsprache: französisch/deutsch (Brev 2581).
Beichte: In Schweden hat eine Zeitschrift ohne die Erlaubnis von AS mit dem Abdruck seines autobiografischen Romans *Die Beichte eines Thoren* (Erstausgabe in deutsch Ende Mai 1893) begonnen. Der Roman enthält intime Details über seine erste Ehe.

BRIEF 28   Originalsprache: deutsch (Brev 2587).
Mizi: Kosename für FUs Schwester Marie Weyr.
Mondsee: FUs Vater Friedrich Uhl hatte hier in den 70er Jahren eine mächtige Villa erbauen lassen, die ihm als Unterkunft seiner Kunstsammlung und als Sommersitz dient.

BRIEF 29   Originalsprache: französisch.

BRIEF 30   Originalsprache: deutsch.
Feldmann: Siegmund Feldmann, Journalist bei der *Wiener Allgemeinen Zeitung* und Übersetzer.
Burckhard: Max Burckhardt (1854-1912), Jurist und Schriftsteller. 1890-98 Direktor des Wiener Burgtheaters.
Breakstatt, Alber, Brendberg: skandinavische Schriftsteller, die in London leben.
Mac Carthy: Vgl. Anm. zu Brief 22.
Archer: William Archer (1856-1924), schottischer Journalist, Kritiker und Dramatiker.
dem bibliographischen Bureau senden: FU schickte dem Berliner Verlag 3 Werke von AS zur Drucklegung.

BRIEF 31   Originalsprache: deutsch/französisch (Brev 2603).
Fairmantel House: J.Th. Greins Haus in London, das FU zu dieser Zeit bewohnt.

BRIEF 32   Originalsprache: deutsch/französisch/schwedisch (Brev 2609).
Der neuerliche Streit dreht sich um den künftigen Aufenthaltsort. FU will, daß ihr Mann nach London kommt. Zur Not akzeptiert sie auch, daß er zu ihren Eltern nach Mondsee fährt, wohin sie unter keinen Umständen kommen will. AS will seine Frau zur Fahrt nach Rügen oder Mondsee bewegen.

BRIEF 33 Originalsprache: französisch.
meinem Konvent: ihre ehemalige Klosterschule bei den „English Ladies".
Prostituierte: Greins irische Haushältern Bobbie Jeffreys.
Dieb: Der Gastgeber J.Th. Grein soll Gelder des „Independent Theatre's"
für sich abgezweigt haben.

BRIEF 34 Originalsprache: deutsch/schwedisch (Brev 2611).
Dachs: Richard Dehmel (1863-1920) verglich AS in seinem Gedicht *Ein Ewiger*, das er erstmals im Jänner 1893 im „Schwarzen Ferkel" vortrug, mit einem Dachs.

BRIEF 35 Originalsprache: französisch.
Kürschner: FU übersetzte für den Lexikographen Joseph Kürschner (1850-93) den Roman *Notre coeur* von Guy de Maupassant aus dem Französischen.
Mamroth: Fedor Mamroth (1851-1907), Schriftsteller u.Theaterkritiker.

BRIEF 36 Originalsprache: französisch
Prozeß mit Bartenius: wegen des Raubdrucks der *Beichte eines Thoren* in einer schwedischen Zeitschrift. Vgl. Anm. zu Brief 27.

BRIEF 37 Originalsprache: deutsch (Brev 2613).

BRIEF 38 Originalsprache: französisch.
Vertrag mit Burckhard: wegen einer Aufführung des 1880 fertiggestellten historischen Dramas *Geheimnis der Gilde* von AS am Wiener Burgtheater, die allerdings nicht zustande kommt.

BRIEF 39 Originalsprache: deutsch (Brev 2614).
Grein: Vgl. Anm. zu Brief 22.
Hoppe: Theateragent und Sekretär bei Greins „Independent Theatre" in London.
Caesar: Caesar Weyr, Sohn von FUs Schwester Marie und Rudolf Weyr.
Schweitzer: Bernhardinerhund der Familie Uhl.

BRIEF 40 Originalsprache: französisch.
Heinemann: William Heinemann (1863-1920), Verleger in London.
Bloch: Felix Blochs Erben, Theateragentur und Verlag in Berlin.

BRIEF 41 Originalsprache: deutsch (Brev 2616).
im Bad anzusehen: Holzrelief FUs vom Mondseer Holzschnitzer Franz Wenger (1831-?), der den Bau der Villa Uhl geleitet und die gesamte Inneneinrichtung angefertigt hat.
Blumenthal: Oskar Blumenthal (1852-1917), Schriftsteller. Begründete 1888 das Lessing-Theater in Berlin u. leitete es bis 1897.
Lautenburg: Vgl. Anm. zu Brief 18.

BRIEF 42 Originalsprache: deutsch (Brev 2618).
Schlüssel des Himmelreichs: Märchenspiel von AS aus dem Jahr 1892.
Paul: Vgl. Anm. zu Brief 23.
Hobergs-Riesen: Anspielung auf eine Szene in den *Schlüsseln des Himmelreichs.*
Ritter Bengts Gattin: historisches Drama von AS aus dem Jahr 1882.
offentlich machen: FU schrieb ihrer Mutter von den ausstehenden Unterhaltszahlungen ASs an seine erste Familie und bat sie um Unterstützung.

BRIEF 43 Originalsprache: deutsch (Brev 2619).

BRIEF 44 Originalsprache: französisch (Brev 2620).

BRIEF 45 Originalsprache: französisch (Brev 2621).
Schreiben Burkhards: Vgl. Anm. zu Brief 38.
Plaidoyer d'un Fou: Vgl. Anm. *Beichte* zu Brief 27.

BRIEF 46 Originalsprache: französisch (Brev 2622).
Alimente: an die erste Familie von AS.

BRIEF 47 Originalsprache: französisch.
Mitte August treffen sich AS und FU in Berlin und leben wieder zusammen. Als FU im Oktober merkt, daß sie schwanger ist, denkt sie in ihrer momentanen Verzweiflung auch an Abtreibung, was AS entrüstet ablehnt. Wegen einer Lappalie kommt es schließlich zu einem Handgemenge, das diesen Brief und die Abreise FUs zu ihrer Schwester in Wien auslöst.
Siri von Essen: (1850-1912), Schauspielerin und erste Ehefrau von AS. Die Ehe mit ihr wurde 1892 geschieden.

BRIEF 48 Originalsprache: deutsch (Brev 2761).
Ende November 1893 läßt sich das Ehepaar Strindberg bei der Mutter FUs in Dornach (bei Saxen) nieder. Im März 1894 fährt AS nach Berlin, um die Drucklegung seines naturwissenschaftlichen Werks *Antibarbarus* zu beschleunigen. Er muß sich dort aber auch vor Gericht wegen der *Beichte eines Thoren* verantworten, die im September 1893 wegen angeblicher unsittlicher Passagen beschlagnahmt worden ist.
Kürschner: Vgl. Anm. zu Brief 35.
Grelling: der Anwalt von AS.
Bureau: „Bibliographisches Bureau", der Verlag für den *Antibarbarus* von AS.
Tracasserien: Scherereien. AS hatte im März 1894 einer Vorladung zum Greiner Gericht wegen der *Beichte eines Thoren* nicht Folge geleistet. FUs Großvater, der Notar Dr. Cornelius Reischl, war darüber so erbost, daß er AS und FU zum Umzug in das nahegelegene „Häusel" zwang.

BRIEF 49   Originalsprache: deutsch.
Am 26.5.1894 bringt FU in Dornach ein Mädchen zur Welt. Ihre An-
gehörigen wollen von AS die katholische Taufe des Kindes erzwingen.
FU steht zu früh nach der Geburt auf, bekommt fiebrige Anfälle und ist
schließlich unfähig, die Tochter Kerstin selbst zu stillen. Nach Streitigkei-
ten mit AS flieht sie mit dem Kind über die Donau in ein Gasthaus in
Ardagger.
Bernstein: wahrscheinlich FUs Anwalt.

BRIEF 50   Originalsprache: deutsch (Brev 2903).
Schafskopf: Ein Junge, der AS das Gepäck in Grein an Bord bringt, geht
nicht rechtzeitig vom Schiff und muß bis zur nächsten Station Wallsee
mitfahren.

BRIEF 51   Originalsprache: deutsch (Brev 2910).
übersetzen: AS wohnt in Paris beim Musiker Leopold Littmansson, einem
Jungendfreund, der ihm bei der Übersetzung einiger in Dornach geschrie-
bener Essays ins Französische hilft.

BRIEF 52   Originalsprache: deutsch/französisch (Brev 2915).
Langen: Der Kölner Albert Langen (1869-1909) begründete 1893 in Paris
seinen Buch- und Kunstverlag.
Loiseau: Georges Loiseau ist der Übersetzer der *Beichte eines Thoren* ins
Französische.
Klavieraffaire: AS hat in Dornach ein Klavier gekauft und das Geld dafür
vom Großvater FUs geliehen.
Österlind: Allan Österlind, ein in Paris lebender schwedischer Maler, hat
AS Mitte Mai 1894 versprochen, Geld für die Reise nach Paris aufzu-
treiben.
Raskolnikow: Rebell und Mörder in Fedor M. Dostojevskijs Roman
Schuld und Sühne (1866).

BRIEF 53   Originalsprache: französisch.

BRIEF 54   Originalsprache: französisch (Brev 2928).

BRIEF 55   Originalsprache: französisch (Brev 2930).

BRIEF 56   Originalsprache: französisch/deutsch (Brev 2943).
Grétor: Willy Grétor (eigentlich Petersen), dänischer Maler und Kunst-
händler (1868-1914/18), enger Bekannter Albert Langens.

BRIEF 57   Originalsprache: französisch (Brev 2987).
Von Mitte September bis 22. Oktober 1894 ist FU bei ihrem Gatten in
Paris, dann kehrt sie wieder zu Kerstin nach Dornach zurück.

BRIEF 58 Originalsprache: französisch (Brev 2999).
Zuhälters: Willy Grétor (vgl. Anm. zu Brief 56).
Das Vertrauen etc.: Ausspruch einer weiblichen Figur in Henri Becques
Schauspiel *La Parisienne* (1885).

BRIEF 59 Originalsprache: französisch (Brev 3000).
Tscheuschner: Marie Tscheuschner, Malerin und Bildhauerin, enge
Freundin FUs aus der Berliner Zeit.

BRIEF 60 Originalsprache: französisch (Brev 3022).
Brief über vergleichende Anatomie: Mitte April 1893 schrieb FU einen
freizügigen Brief über sexuelle Fragen an AS, der nicht erhalten ist. Ein-
zelnes läßt sich aus dem Antwortbrief von AS rekonstruieren. FU dürfte
Vorliebe für lange Schwänze gezeigt und damit ASs Urangst geweckt
haben, daß sein Schwanz zu kurz geraten sein könnte und für die tiefe Be-
friedigung einer Frau nicht ausreiche. FU dürfte ihn aber damit beruhigt
haben, daß sich die Scheide den Schwanz nach ihrer Größe und ihrem Be-
darf forme. AS kontert postwendend, kurze Schwänze seien ein Marken-
zeichen von Aristokraten (lange von Plebejern), und der Schwanz forme
sich die Scheide nach seiner Größe.
Schlipitzka: Anton Schlipitzka, Steinbruchbesitzer und Gastwirt in Dornach bei Saxen.

BRIEF 61 Originalsprache: französisch (Brev 3109).

BRIEF 62 Originalsprache: französisch.

BRIEF 63 Originalsprache: französisch (Brev 3123).
Samek: Albert Samek, Ehemann von FUs Tante Melanie; hat als Kauf-
mann sein Vermögen verloren und dann bei den Verwandten in Dornach
Zuflucht gesucht.

BRIEF 64 Originalsprache: französisch (Brev 3277).

BRIEF 65 Originalsprache: französisch.

BRIEF 66 Originalsprache: französisch/deutsch (Brev 3307).
meines Verlegers: Albert Langen (vgl. Anm. zu Brief 52).

BRIEF 67 Originalsprache: deutsch (Brev 3358).
Prager: Mathilde Prager, österreichische Übersetzerin von AS.

BRIEF 68 Originalsprache: deutsch/französisch (Brev 3372).
Mutigen Herzen etc.: Wahlspruch des französischen Finanzmanns Jac-
ques Coeur, der ein Wortspiel (Herz heißt französisch „coeur") enthält.

gottlosen Eid: Marie Reischl will AS aus Angst um ihr Erbe aus Saxen ausweisen lassen.

Melanies: Melanie Samek, Tante FUs.

Thiel: Josefa Thiel, Halbschwester Friedrich Uhls.

BRIEF 69 Originalsprache: deutsch (Brev 3380).

Porges: Vgl. Anm. zu Brief 9.

Band, Bengt: Vielleicht sollte FU in München Verhandlungen führen wegen der Aufführung der beiden Strindberg-Schauspiele *Das Band* (1892) und *Herrn Bengts Gattin* (1882).

Sphinx: okkultistische Zeitschrift in München.

Goldsynthese: Eine Abhandlung über die Erzeugung von Gold, die AS in Grein drucken ließ.

BRIEF 70 Originalsprache: deutsch (Brev 3381).

BRIEF 71 Originalsprache: französisch.

ich wurde Mutter: FU bringt am 21.8.1897 einen Sohn zur Welt, dessen Vater der Literat Frank Wedekind (1864-1918) ist.

Die vorliegende Auswahl ist im Zusammen-
hang mit einer wissenschaftlichen Studie über
August Strindbergs Besuche in Oberösterreich
entstanden, die im November 1993 im Katalog
zur Strindberg-Ausstellung des Adalbert-Stifter-
Instituts (A-4020 Linz, Untere Donaulände 6)
publiziert wird. Für weiterführende Informatio-
nen, die hier in Vorwort und Anmerkungsteil
nicht Platz fanden, sei auf diese Publikation
verwiesen.

Ich danke dem Erben Frida Uhls, Kristof
Sulzbach (Stockholm), und Margareta Brundin
(Königliche Bibliothek Stockholm) für ihr Ent-
gegenkommen und die Druckerlaubnis.